LIANELLA LIVALDI LAUN

Lilith in der Partnerschaft

W0109765

Standardwerke der Astrologie

LIANELLA LIVALDI LAUN

Lilith in der Partnerschaft

Selbstverwirklichung
durch den schwarzen Mond

CHIRON VERLAG

Für Gottfried und Tobias

Danksagung

Ein besonderer Dank geht an Roland Lutz, von dem der zündende Funke für dieses Buch kam, an Barbara Picard für ihr schönes Gedicht und ihre Offenheit, an Gianluigi Vezzoli, der mir mit viel Einfühlungsvermögen und Geduld 1978 die Astrologie beigebracht hat, an Christine Ableidiger-Günther für ihre Formulierungshilfe auf Deutsch, an Helmut Hark, der mir sehr viel von seinem Wissen vermittelt hat, und an meine Lektorin Swantje Christow.

Hinweis:
Viele der in diesem Buch beschriebenen Fälle stammen aus der Beratungspraxis der Autorin. Aus Gründen der Diskretion werden nur die Abbildungen, aber nicht die Daten der Klienten veröffentlicht.

© Chiron Verlag Tübingen , 2002
Umschlag: Walter Schneider unter Verwendung des Bildes
»Der Kuss der Sphinx« von Franz Stuck

bààkin Belinda

Zu beziehen durch den Buchhandel oder direkt beim
Chiron Verlag, Postfach 1250, D-72002 Tübingen
www.chironverlag.com

ISBN 3-925100-72-5

Druck: Offizin Chr. Scheufele Stuttgart

Inhalt

Vielleicht sind alle Drachen unseres Lebens
Prinzessinnen, die nur darauf warten uns
schön und mutig zu sehen.
(Rainer Maria Rilke)

Mythologischer Hintergrund unter Berücksichtigung der Beziehungsthematik

»Gott schuf zwei große Lichter. Die zwei Lichter entstanden mit gleicher Würde. Der Mond jedoch konnte mit der Sonne nicht in Frieden leben, und in der Tat fühlte sich jeder durch den anderen gedemütigt. Der Mond fragte: »Wo weidest du?« *Die Sonne antwortete:* »Wo lässt du deine Herde zum Mittag ruhen? Wie kann eine kleine Kerze am Mittag leuchten?« *Gott sprach darauf zum Mond:* »Geh und verringere dich.« *Der Mond fühlte sich gedemütigt und erwiderte:* » Warum soll ich mich selbst verschleiern?« *Gott antwortete:* »Gehe deines Weges, folge immer den Spuren der Herde.« *Danach verminderte sich der Mond und senkte sein Haupt. Seit dieser Zeit hat er kein eigenes Licht, sondern bezieht es von der Sonne. Anfangs waren Sonne und Mond gleich, später jedoch verminderte sich der Mond in all seinen Phasen von der Sonne, obwohl er immer noch das Haupt der beiden ist. Wenn der Mond in Beziehung zur Sonne stand, leuchtete er, aber sobald er vor der Sonne getrennt und der Druck seiner Herrin von ihm genommen war, reduzierte er seinen Zustand und sein Licht, und Hüllen über Hüllen wurden geschaffen, um den Geist zu verbergen, alles zum Wohl des Geistes (Sohar I 20a). Nachdem sich das uranfängliche Licht zurückgezogen hatte, schuf es eine* »Membrane für das Mark«, *eine K'lifah, Hülle oder Schale und diese K'lifah dehnte sich aus und schuf eine andere, welche Lilith war« (Sohar I 19b).*[1]

Zwischen Mond und Sonne herrschte Krieg, und um den

Streit zu beenden, trennte Gott die beiden Lichter. Der Mond sollte abnehmen und der Herde folgen. Barbara Black Koltuv schreibt dazu, dass Gottes Intervention zugunsten der Sonne, den Mond mit Wut und Zorn erfüllte. Der Mond befreite sich aus Wut von seiner Hülle, der K'lifah (böse Hülle). Daraus entstand Lilith. Sie schreibt: »*Aus diesen zoroastrischen Mythen können wir ersehen, dass die Lilith-Energien aus dem Groll um die Herabsetzungen des Mondes gebildet sind. Sie sind dunkel, feurig, und entstammen der Nacht.*«[2]

Aus diesen Mythen stammt die Beschreibung von Lilith, der ersten Frau der Menschheit. Vom Kopf bis zur Taille war sie eine schöne Frau. Aber vom Unterleib abwärts bestand sie aus Feuer (Leidenschaft und sexuelles Verlangen).

Lilith wird in der Mythologie, der Psychologie und in der Astrologie für den dunklen Aspekt der Weiblichkeit gehalten. Sie ist die Frau, die aus Zorn und Wut geboren wurde. Lilith steht als Prinzip der dunklen Kräfte, die in den Menschen verborgen liegen. Im Sohar wird erzählt, dass Lilith, nachdem sie sich von Adam getrennt hatte, die Braut des Dämons Samael, dem gefallenen Engel (Luzifer), wurde. Aus diesem Grund werden Lilith-Themen oft in der Partnerschaftsastrologie mit Dreiecksgeschichten in Verbindung gebracht, egal, ob die dritte Person ein Mann oder eine Frau ist. In der Psychologie der Frau steht Lilith für ihre Schattenseite: die *Braut des Teufels*. Als Gemahlin von Samael ist sie die Königin der Hurerei. Die Kabbalisten berichten, dass ein Geist der Verführung aus Lilith entstand, als sie – nach der Vertreibung aus dem Paradies – allein in der Wüste weilte. Sie verführt die Männer, sobald diese mit nächtlicher Erektion im Schlafe liegen. Früher wurden die erotischen Träume als Liliths böses Werk betrachtet.

Es wird erzählt, dass Adam, nachdem Lilith das Paradies verlassen hat, um mit den Dämonen zu leben, seine Gemahlin vermisste und sie wieder zu sich zurückverlangte. Gott hatte Mitleid und schickte drei seiner Engel, Sanvai, Sanssanvai und Semangloph zu ihr mit dem Befehl, sie möge sofort zu ihrem

Mann zurückgehen. Lilith jedoch erkannte, dass sie nicht mehr die Gleiche wie früher war, und deswegen war es ihr unmöglich, zu ihrem alten Dasein zurückzukehren. Und sie blieb bei Samael. Dies ist auch in unserem eigenen Leben erkennbar, wenn wir beispielsweise einen wichtigen Prozess hinter uns gebracht und uns dabei sehr verändert haben, dann wird es nicht mehr möglich sein, zu den alten Verhältnissen zurückzukehren. Wegen ihres Ungehorsams wurde Lilith auf grausame Weise bestraft. Ihre Kinder wurden getötet. Aus Schmerz wahnsinnig geworden, schwor sie Rache gegen alle Menschenkinder. Sie wanderte daher von Stadt zu Stadt, um Neugeborene zu töten, und um mit ihrer unersättlichen Sexualität schlafende Männer zu quälen.

Es gibt noch einen Mythos, der älter ist als die Geschichte über Lilith im Sohar, *Adam und Samael*. In diesem früheren Mythos wird erzählt, dass es sich bei dem ersten Paar um Lilith und Samael gehandelt hatte. Beide waren ein einziger Mensch, ein androgynes Wesen, das später getrennt wurde. Dieser Mythos gleicht dem von der Erschaffung Adams und Evas, die auch als Hermaphroditen erschaffen wurden. Diese zwei göttlichen Paare entsprechen dem himmlischen und dem höllischen Aspekt der Partnerschaft zwischen Mann und Frau. Samael war der Engel, der Gott näher stand. Er erhob sich gegen ihn und wurde – wie später auch Lilith – aus dem Himmelreich verstoßen. Daraufhin änderte er seine Natur vollkommen und wurde als Dämon zum Herrn der Unterwelt. Lilith und Samael wurden später ein Paar, das in der Finsternis lebte und der Dunkelheit angehörte. Im Gegensatz zu diesem Paar ist in der kabbalistischen Tradition noch ein weiteres Paar bekannt: der männliche Gott und seine Gemahlin Schechina (vergleichbar mit Adam und Eva). In der Zeit, als Schechina und ihr himmlischer Mann regierten, herrschten auf der Erde Harmonie und Frieden. Durch den Sündenfall wurden sie getrennt und die Harmonie gestört. Lilith gelang es, an die Stelle der Schechina neben Gott zu treten. Als Ergebnis dieser Verbindung herrschten auf der Erde das Chaos und das Böse. Symbolisch bedeutet dies, dass nichts auf dieser Welt nur gut und perfekt sein darf, Chaos und Harmonie können als zwei Aspekte der gleichen Medaille betrachtet werden. Die Ganzheit entsteht aus Gegensätzen. Licht und Schatten gehören zusammen. In dem patriarchalischen Denken wird das Männlichen durch das Licht symbolisiert und das Weibliche mit der Farbe Schwarz assoziiert. Dies muss aber nicht bedeuten, dass Licht und Dunkel sich bekämpfen müssen. Sie ergänzen sich und sollten unzertrennlich sein. Das Licht befruchtet die dunkle Erde und aus ihrer Dunkelheit keimt das neue Leben. Deswegen wird die Farbe Schwarz mit Weiblichkeit und Fruchtbarkeit verbunden. Erst später wurde mit dieser Farbe die schwarze Macht der Frau im negativen Sinn assoziiert, eine Macht, die im Mann Furcht hervorruft.

Im Talmud finden wir eine ähnliche Version des oben genannten Mythos. Es wird berichtet, dass Adam sich von Eva entfernte – nachdem Kain seinen Bruder Abel getötet hatte – und 130 Jahre in der Wüste allein lebte. In dieser Zeit von 130 Jahren erschien ihm Lilith jede Nacht im Traum. Sie verführte ihn und zeugte mit ihm Kinder, die als Plagen der Menschheit ihr Unwesen auf der Erde trieben. In dieser Version erkennen wir zahlreiche Geschichten aus unserer Beratungspraxis, aus unserem Freundeskreis oder sogar aus unserer eigenen Biografie wieder. Zwei Liebende, die aufgrund unterschiedlicher Denkweisen oder Charaktere nicht friedlich miteinander leben können und sich deswegen trennen müssen, sind dennoch sehr stark aufeinander bezogen und sexuell stark voneinander angezogen. Nach der Trennung schaffen sie es nicht, ganz voneinander loszukommen. Sie treffen sich noch einmal, erleben erneut ihre Leidenschaft und gehen wieder auseinander. Sie weigern sich heftig, ihre feste Beziehung wieder aufzunehmen, weil sie wissen, dass sie diese Person, so wie sie ist, nicht glücklich machen können.

Die Gefühle in den Partnerschaften, in denen Lilith eine einflussreiche Rolle spielt, sind immer sehr ambivalent: Wir lieben eine Person, gleichzeitig lehnen wir sie innerlich ab, weil so viele Dinge an ihr sind, die uns nicht gefallen, die wir nicht akzeptieren oder die wir nicht annehmen können, weil sie nicht zu unserer Weltsicht gehören, die uns verletzen oder überfordern. Deswegen bleibt die Trennung die einzige Möglichkeit. Auch wenn diese Entscheidung uns sehr schmerzt.

Eva und Lilith, die Rivalinnen

Erst nachdem Lilith das Paradies verlassen hatte und nie mehr zu Adam zurückkehren wollte, erschuf Gott Eva aus dessen Rippe.

Es ist interessant festzustellen, dass die Natur im Gegensatz zu dem »Rippenmythos« steht. Bis 35 Tage nach der Zeugung sind alle Menschen weiblich. Erst dann bestimmt ein Gen, das SRY, dass etwa die Hälfte der Embryos männlich werden muss. »*Ist der Mann eine Mutation der Frau?*«, fragt sich Olaf Leitner in seinem Buch »Das Dschungelbuch der Liebe«.[3]

Auf jeden Fall berichten die alten Mythen, dass Eva gefügiger als Lilith war und Adam bis zum Sündenfall mit ihr zufriedener als mit seiner ersten Frau gelebt hat. Im Sohar I 19b wird berichtet: »*Sobald Lilith Eva sah, die sich an Adams Seite klammerte, wurde sie von dieser Gestalt an die übernatürliche Schönheit erinnert, und sie floh hinauf ... und lebte am Roten Meer, bis Adam und sein Weib sündigten.*« Danach, so erfahren wir weiter aus dem Sohar, nahm Lilith nachts von Adam wieder Besitz.

Die Rivalität zwischen Eva und Lilith ist im Sohar sehr lebendig ausgedrückt. Zwei Frauen, die für den gleichen Mann kämpfen. In diesem Werk werden beide Frauen eindrücklich beschrieben: Eva, die Mutter aller Lebenden, die Frau, die als Lebensspenderin und zärtliche Mutter gilt, und Lilith, die Kindermörderin, die Tod und Verwüstung verursacht. Adam war von Liliths Ungehorsam schwer enttäuscht. In einer patriarchalischen Gesellschaft wurden alle Frauen als Hexen abgestempelt, die die Erwartungen der Männern enttäuschten. Verdrängte Enttäuschungen, die der kleine Junge von damals an der Mutter erlebt hat, führen dazu, dass Frauen, die die männlichen Bedürfnisse nicht befriedigen, als böse oder unvollkommen abgestempelt werden. Das abgespaltete Bild von der Frau: einerseits als Teufelin und andererseits als Heilige, stammt aus dieser Enttäuschung des Kindes, dessen Mutter natürlich niemals völlig in der Lage gewesen ist, all seine Wünsche und Fantasien zu befriedigen oder diesen zu entsprechen.

Pamela Ball schreibt in ihrem Buch »Erotische Träume«:[4] »*Mit der Einteilung der Frauen in die Archetypen gute und böse Frau, Madonna und Hure, nettes Mädchen und Schlampe versuchen die Männer den Einfluss zu verringern, den Frauen seit ihrer Geburt hatten und haben. Auf diese Weise versuchen sie die Verwirrung über ihre eigene Sexualität – und die der Frauen – zu umgehen, indem sie Frauen in eine dieser Rollen drängen, ohne auf irgendeinen anderen Aspekt der Persönlichkeit einer Frau einzugehen.*«

Jede Frau erfährt Eva und Lilith in den Gezeiten ihres weiblichen Zyklus. Eva wird durch die erste Hälfte des Zyklus symbolisiert, in der Zeit bis zur Ovulation und der Empfängnisbereitschaft, während Lilith herrscht, wenn bei der Ovulation keine Empfängnis stattfindet. Lilith steht auch für den Menstruationsschmerz in der Phase des prämenstrualen Syndroms. Es war früher – und noch heute in manchen Kulturen – die Zeit, in der die Frauen sich allein in die Wildnis zurückgezogen haben. In jeder Frau sind Eva und Lilith verborgen, wir bringen sie mit uns auf die Welt und leben diese zwei Prinzipien abwechselnd in unserer Existenz. Manche Frauen leben eine Seite mehr als die andere, sodass der verdrängte Anteil im Bereich der Schatten(-Seiten) angesiedelt ist, aber niemals ganz aus ihrem Leben verschwindet.

Lilith wurde von Gott unfruchtbar gemacht. Da sie keine Milch in ihren Brüsten hatte, war sie unfähig, menschliche Kinder zu nähren. In dem Mythos heißt es, dass die Eifersucht

Liliths gegenüber Eva so stark und mächtig war, dass ein einzelner Tropfen ihres Menstruationsblutes mit so viel Gift und Bitterkeit geladen war, dass sie damit Menschen und Tiere töten und Städte verwüsten konnte. Die Rache Liliths zielte darauf ab, die Beziehung zwischen Eva und Adam zu zerstören. Ihr raffinierter Plan war es, Eva in Form einer Schlange zu verführen, sich vom Baum der Erkenntnis zu bedienen und Adam zu überreden, den Apfel zu verspeisen. So gelang es Lilith den paradiesischen Zustand in der Beziehung zwischen Adam und seiner neuen Frau abrupt zu unterbrechen.

Eva war imstande ihre Bedürfnisse in einer Liebesbeziehung zu befriedigen, Lilith konnte dies nicht. Sie wehrte sich gegen Abhängigkeit und Unterwerfung. Sie musste frei sein, um ihre Individualität auszuleben und zu definieren. Deswegen nahm sie aus freien Stücken die Verbannung in die Wüste in Kauf. In unserer modernen Welt verkörpert Lilith die Frau, die freiwillig ein kinderloses Dasein wählt, um sich als kreativer Mensch in einem anderen Bereich des Lebens ausdrücken zu können. Lilith-Herrschaft im Horoskop, z.B. im Aspekt zum AC, zur Sonne oder zum Mars, könnte diesen Aspekt des unabhängigen Weibes symbolisieren. Die Frau, die Lilith stark in sich trägt, will sich selbständig ausdrücken. Sie will sich frei bewegen und handeln. Sie wird als Egoistin betrachtet, weil sie sich weigert, in ihren Beziehungen verbindlich gebunden zu sein. Sie will nicht, dass Bindungen sie daran hindern, so zu werden wie sie werden will. Und sie steht zu ihren Zielen und folgt ihrem eigenen Lebensplan.

So schreibt auch Barbara Black Koltuv dazu: »*Eine Frau, die wachsen und sich psychisch entwickeln will, muss die Lilith-Qualitäten Freiheit, Bewegung und Instinktivität für sich integrieren.*«

Eva hingegen kann die Frau sein, die sich an ihren Mann klammert, welche die Liebe und Anerkennung nur durch den Status als Ehefrau und Mutter sucht.

Dieser Konflikt ist meisterhaft in dem Buch »L´addio« von

Paola Calvetti[5] dargestellt, einer Schriftstellerin, die in Italien lange als Journalistin für *La Repubblica* arbeitete. Die Geschichte spielt in den fünfziger Jahren und erzählt die Liebe von zwei Freundinnen für denselben Mann. Olga liebt Giulio seit Jahren, sie sind befreundet, und eine tiefe Liebe verbindet die beiden. Cecilia betrügt Olga heimlich mit Giulio und lässt sich von ihm schwängern. Er ist von ihrer passiven Weiblichkeit fasziniert. In ihr sieht Giulio die Mutter seiner Kinder. Mit ihr träumt er von Frieden und Ruhe. Er ist ein berühmter Musiker und braucht eine Frau, die sich selbst nicht in den Vordergrund stellt. Olga, selber auch eine begabte Künstlerin, ist zu leidenschaftlich, zu exklusiv in ihrer Liebe zu ihm. Sie macht ihm mit ihrer Intensität Angst. Er heiratet schließlich Cecilia, kann sich aber auch nicht von Olga trennen. Olga, tief verletzt wegen des Verrats der besten Freundin und des Mannes, den sie liebt, holt sich ihn wieder zurück - und zwar eine Stunde vor seiner Eheschließung. Giulio und Olga treffen sich und lieben sich ein Leben lang hinter dem Rücken von Cecilia, die unwissend ihre Rolle als Gattin und Mutter hervorragend spielt.

Olga beobachtet Cecilia aus der Ferne, die zum zweiten Mal von Giulio schwanger ist: »*Das Verhalten Cecilias strahlte Sicherheit aus. In einer nicht offensiven Weise brachte diese Frau ihre Macht zum Ausdruck. Während sie einem neuen Leben vorübergehend Schutz bot, bewahrte sie sich selbst auch vor der gefühlsmäßigen Einsamkeit. Ihr Mann wird ihr nun für weitere Wochen zur Verfügung stehen, hilfsbereit, kooperativ.*

Mühevoll lasse ich die Monate vor diesem Abend Revue passieren: Giulio schien in keiner Weise verlegen, ließ in meinem Herzen keinerlei Verdacht aufkeimen. Kein Hinweis, kein noch so schüchternes Bekenntnis wegen dieses unerwarteten Kindes. Wird es ein Junge oder ein Mädchen sein? Wo ist der Unterschied? Warum sagt er mir nichts davon? Schließlich hat er sie deshalb geheiratet, oder etwa nicht?

Ich bin nur die schmackhafte und etwas sündige Cremespeise zum Nachtisch.«[6]

Es gibt noch einen weiteren Aspekt im Leben jeder Frau, der von Eva und Lilith symbolisiert wird. Wir erleben ihn im Ausleben der Sexualität. Eva steht für die junge, unerfahrene Frau, die von dem Mann verführt und in die Wonne der körperlichen Liebe eingeführt wird. Eva ist mit der Erfahrung verbunden, Liebe und Sex als unzertrennlich auszuleben. Ihr sexuelles Verlangen ist mit der Fortpflanzung eng verbunden. Eva ist die Verkörperung der männlichen Träume vom häuslichen Glück. Sie darf ihre Sexualität nur mit dem richtigen Mann und in einer festen Beziehung erleben.

Lilith dagegen stellt das Verlangen nach sexuellen Abenteuern dar. Barbara Black Koltuv schreibt in ihrem Buch »Lilith«, dass die verführerische, transformative Kraft des Weiblichen von Frauen normalerweise nicht bewusst erfahren wird, bis sie die zweite Lebenshälfte erreicht haben. Erst im Zenit ihres Lebens erleben Frauen die Freude, völlig lebendig und aktiv in dem Ausleben ihres Verlangens zu sein. Viele Frauen lernen die echte Befreiung auf körperlicher Ebene kennen, nachdem sie Kinder geboren und Werte geschaffen haben. Frauen sind sich oft erst in der zweiten Hälfte des Lebens völlig über ihre sexuellen Vorlieben und Bedürfnisse bewusst. Sie sind mit ihrem Körper vertraut, sie brauchen nicht mehr geleitet zu werden, sie wissen selbst, was ihnen Lust und Befriedigung bringt. Barbara Black Kultov stellt es wie folgt dar: »*Sehr oft, im Zenit ihres Lebens, wird eine Frau von einem mächtigen, lilith-artigen Wunsch nach einem Mann wie Adam, ›dessen Schönheit wie die Sonnenscheibe ist‹, ergriffen. Liliths Verlangen nach Adam, ihrer uranfänglichen anderen Hälfte, wie die Sonne nach ihrem Mond.*«[7] In dieser Phase des Lebens besteht die Möglichkeit, dass die Frau wieder zu Adam zurückkommen kann, nicht mehr als ergebene Gemahlin, sondern als Geliebte. Dieser Adam kann der eigene Mann sein, zu dem eine neue Form der Beziehung möglich geworden ist, oder er kann ein ausgewählter Liebhaber sein, der sie ergänzt.

Der Traum einer Frau namens Maria-Regina, den sie bei einem Transit von Lilith im Wassermann in Opposition zu ihrer Sonne im Löwen träumte, veranschaulicht diesen Gedanken:

»Ich bin in einem großen, modernen Bildungshaus. Es ist mit einem sandfarbenen Teppichboden ausgelegt und wirkt sehr hell. Ich habe dort ein Zimmer, habe kein Gepäck dabei – der Traum wird undeutlich. Dann komme ich wieder in dieses Haus, vom Bahnhof her, ich habe ein leichtes Kleid an, es regnet, und ich komme völlig durchnässt an der Rezeption des Bildungshauses an. Es sind die Salzburger Hochschulwochen. Ich sage zu der jungen Frau an der Rezeption: ›Ich habe ein Zimmer reserviert.‹ Mir ist klar, dass ich kein Gepäck dabei habe, keine Papiere, kein Geld. Ich sage, ich habe in Freiburg studiert. Sie glaubt mir nicht und fängt an, mich zu überprüfen, stellt Fragen über Freiburg, wie das Münster heißt usw. Ich spüre, dass sie mir nicht glaubt und es immer unwahrscheinlicher wird, dass ich hier ein Zimmer bekomme. Da sehe ich links meinen Vater den Flur entlang auf die Rezeption zukommen. Er sieht sehr gut aus, etwa 20 Jahre jünger, und er ist auch größer als in der Realität. Mein Vater ist sehr gut und edel gekleidet mit einem beigen Anzug und einem hellgelben Pullover. Er zieht gewichtiges Gepäck – einen großen Koffer auf Rollen – hinter sich her. Ich gehe ihm ein, zwei Schritte entgegen, wir umarmen uns, mein Kopf liegt an seiner Schulter. Er sagt zu mir und der Dame an der Rezeption: ›Ich bin hier wegen eines Vortrages über die Erotik der Königin der Nacht. Ich will mir hier den Raum anschauen.‹ Ich sage ihm, dass ich kein Geld und keine Papiere dabei habe. Doch mir ist klar, dass jetzt alles in Ordnung kommt. Wir gehen in den Raum, in dem der Vortrag stattfinden soll. Dann macht einer von uns beiden den Vorschlag, dass Johannes (mein jüngster Bruder) meine Papiere und mein Gepäck holen soll.«

Wir wollen uns jetzt nur auf die zentrale Thematik im Traum konzentrieren, auch wenn ein Traum unterschiedliche Botschaften und Themen enthält. Die wichtigste Thematik in diesem Traum ist die Erotik der Königin der Nacht. Wir haben diesen Traum in unserer Ausbildungsgruppe unter der Leitung von Dr. Hellmut Hark, Jungscher Analytiker und bekannter Traumdeuter, erarbeitet. Ich möchte das Ergebnis unserer Arbeit durch die Worte von Maria-Regina wiedergeben: »Ich habe als Kind durch meinen Vater alle Mozart-Opern und auch die Gestalt der Königin der Nacht kennen gelernt; im Urlaub hörten wir früher gemeinsam Radioübertragungen von Opernaufführungen der Salzburger Festspiele. Meine Eltern waren einige Male auf den Salzburger Hochschulwochen; mein Vater besitzt einen hellgelben Pullunder. Ich heiße Maria-Regina, übersetzt Königin, und mein Vater hat diesen Namen für mich vorgeschlagen. In dem Traum erscheint mein Vater wie in einem goldenen Licht. Ich bin sehr erleichtert, ihn zu sehen, und habe das Vertrauen, dass jetzt alles in Ordnung kommt.

Beim Aufwachen weiß ich: Das ist ein wichtiger Traum für mich. Meinen Vater sehe ich im Traum als einen Überbringer einer bedeutsamen Botschaft. Es interessiert mich, was sich hinter dem Vortragsthema verbirgt. Damit ›alles in Ordnung kommt‹, ist es wichtig, dass ich mich mit dem Thema des Vortrages beschäftige, dem Eros und der Erotik der Königin der Nacht.

Bei der Traumarbeit in der Ausbildungsgruppe wurde ich auf die Gestalt der Lilith hingewiesen, eine Symbolfigur aus dem Umkreis der Schöpfungsgeschichte, die auch mit der Gestalt der Königin der Nacht assoziiert wird.«

Für die Arbeit mit diesem Traum ist dieses Zitat hilfreich gewesen: *»Der Vater prägt die Liebesfähigkeit der Frau – ähnlich wie der Vater in dem kleinen Mädchen die erste Verliebtheit hervorlockt, so erweckt im weiteren Leben der Vater durch seine Ausstrahlung in der Realität und durch sein Erscheinungsbild in den Träumen die Liebesfähigkeit, den Eros und die Beziehungsmöglichkeit der Tochter und prägt dadurch ihre Begegnungsmöglichkeit mit dem Partner.«*[8]

Deswegen ist es auch nicht zufällig, dass Maria-Regina ihren

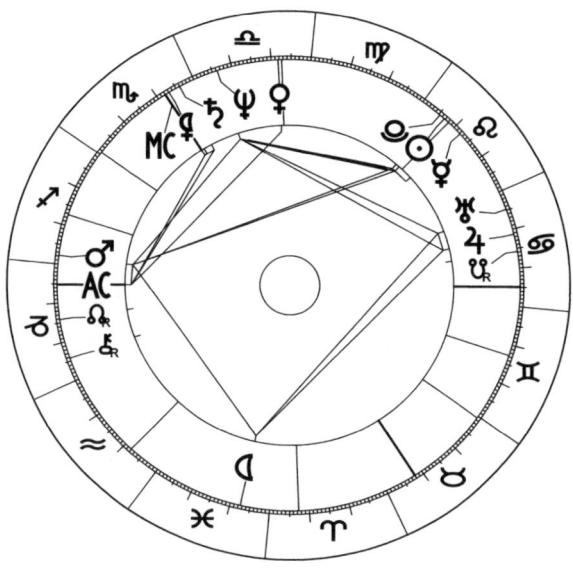

Abbildung 1: Maria Regina

Traum unter einem Transit träumte, der die Sonne (Vaterbild, Erfahrungen mit dem Vater) aktivierte. Lilith, die Königin der Erotik, stimulierte mit ihrem Transit die seelischen Erinnerungen, die mit dem Vater und dem Erwachen der Sexualität in dem kleinen Mädchen Maria-Regina verbunden sind. Das Vaterbild ist in ihrem Horoskop mächtig: Die Sonne steht im eigenen Zeichen Löwe und bildet eine Konjunktion zu Pluto. Dieser Vater bekommt im Horoskop von Maria-Regina eine bedeutsame Rolle und übt einen starken Einfluss auf ihre Psyche aus.

Wenn wir das Radix-Horoskop weiter betrachten, bemerken wir auf den ersten Blick die dominante Stellung Liliths. Der Schwarze Mond befindet sich in Konjunktion zum MC und zu Saturn. Regina ist Theologin, die wilde Seite Liliths ist hier bis jetzt unbekannt gewesen.

Die Konjunktion zu Saturn hatte die Auswirkung des Schwarzen Mondes und seine Entwicklung in der Persönlichkeit der Horoskopeignerin blockiert. Sie nahm Lilith in ihrem Leben nicht wahr. Die Erotik, die von Lilith symbolisiert wird, war Maria-Regina fremd. Bis zu dem Zeitpunkt, als sie unter dem Transit der Lilith über die Sonne diesen Traum hatte, der ihr diese neue Dimension offenbarte. Die Zeit ist reif, um einen anderen Aspekt ihrer Sexualität kennen zu lernen, die ihr bisher nicht bekannt gewesen war. In der zweiten Hälfte ihres Lebens wird Regina nun aufgefordert, sich mit der Erotik der Königin der Nacht auseinander zu setzen. Deswegen kommt sie in dem Hotel ohne Papiere und Gepäck an, da diese ihre alte Identität bekannt geben. Mit der Integrierung des Lilith-Prinzips fängt eine neue Phase an und eine neue Identität beginnt zu wachsen. Im Traum wird sie aufgefordert, ihre Weiblichkeit neu zu definieren.

Ich habe oben erwähnt, dass die Frau in der Phase ihres Erwachens die Möglichkeit verspürt, zu Adam als ihrem Geliebten zurückzukehren oder aber sich einen Liebhaber zu suchen, der sie besser ergänzt.

In dem bereits erwähnten Buch von Paola Clavetti verliebt sich Cecilia, die Ehefrau, im Alter von 40 Jahren in einen jüngeren Geigerspieler und lebt diese Affäre aus, ohne dass ihr Mann Giulio davon erfährt. Sie braucht die Macht der Mutterschaft nicht mehr auszuüben, um einen Mann an sich zu binden. In der späteren Beziehung zu dem Geigerspieler hat sie sich selbst und ihre Weiblichkeit entdeckt.

Die Sängerin Cher sagte während eines Interviews zu ihrem 45. Geburtstag: »*Ich habe mich für jüngere Männer entschieden, denn sie sind viel sanfter und versuchen nicht, mich zu beherrschen. Als junge Frau habe ich mich genug herumkommandieren lassen müssen – nie wieder. Es ist für mich wichtig, Stärke zu besitzen, denn dadurch bekomme ich eine bessere Sicht von mir selber. Bei jüngeren Männern fühle ich mich wie eine Art Pionier. Und wenn ich helfen kann, die Liebe zu jüngeren Männern gesellschaftsfähig zu machen, will ich das tun.*«

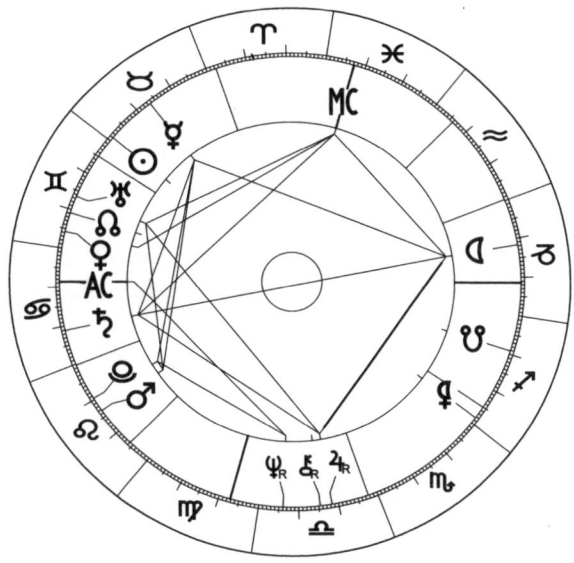

Abbildung 2: Cher

Cher hat Lilith im Haus der Liebschaften, dem 5. Haus, in Opposition zur Sonne. Diese Stellung von Lilith lässt erkennen, dass Cher eine Frau ist, die den Mut besitzt, über ihr Liebesleben sehr offen zu sprechen und die Liebe so zu erleben, wie sie es gern hat. Die Liebe zu jüngeren Männern wird vom Mond im 7. Haus im Trigon zu Merkur symbolisiert. Dieser Aspekt zeigt, dass Cher sich in der Rolle der erfahrenen, reifen Frau, die jüngere Männer in das Geheimnis der Liebe und der Erotik einführt, wohl fühlt. Lilith im 5. Haus ist eine Art Wegbereiterin und Initiatorin in Sachen Erotik. Und ihre Venus in den Zwillingen lässt sie im Herzen jung bleiben.

Wenn eine Frau nur ihre Eva-Seite lebt, ist sie gerne von jemandem abhängig, und dieser Jemand ist oft der Mann, den sie liebt, sie ist ihm ergeben, genauso wie sie früher ihrem Vater ergeben war. Sie ist passiv und immer bemüht, die Ansprüche des Geliebten zu erfüllen. In der Partnerwahl sucht sie »Adam«, einen Partner, der sie dominiert und sie führt.

Ist eine Frau eher von ihrem Lilith-Wesen geprägt, dann ist sie hingegen willensstark, reagiert heftig gegen alle Ungerechtigkeiten und lehnt sich gegen jegliche Autorität auf. Sie ist sich und anderen gegenüber anspruchsvoll. Sie bewertet die sexuellen Leistungen ihrer Liebhaber, und wenn sie sie nicht mehr befriedigen, sucht sie sich einen neuen. Samael ist ihr idealer Gefährte. Die Mutterschaft hat Anziehungskraft für sie, weil sie diese als Herausforderung empfindet, fürchtet aber, dadurch ihre Freiheit zu verlieren und verzichtet aus diesem Grund oft darauf, weil ihr Wesen sich nach Unabhängigkeit und unendlichen Weiten sehnt.

In den meisten Fällen trägt jede Frau von beiden Archetypen etwas in sich. Frauen, die sowohl Eva wie auch Lilith in ihrem Wesen Raum geben, sind bereit, die von ihnen geliebten Menschen zu verteidigen, lehnen aber ein Opfer zum Selbstzweck ab. Sie versuchen Arbeit und Familie zu vereinbaren, und oft gelingt es ihnen sogar. Gelegentlich lassen sie sich gerne von einem starken Mann beherrschen, doch ist dies nur ein Spiel. Wird die Herrschaft übermächtig, wehren sie sich dagegen und weigern sich, dem »Adam« ganz und gar zu Willen zu sein.

Aber auch der Mann hat eine Aufgabe in seinem Leben zu erfüllen. Er muss ebenfalls Eva und Lilith in seiner Seele integrieren. Ein Freund von mir hat sich diesbezüglich wie folgt ausgedrückt: »Im Grunde genommen sollte jeder heranwachsende und heranreifende Mann zuerst ›seiner‹ Lilith begegnen, ehe er, gereift durch die Einführung in die Liebe durch Lilith, seine Eva selbst ›verführen‹ kann – dies natürlich alles nur, wenn er sich in patriarchalischen Glaubenssystemen bewegt! Ist es jedoch sein Anliegen, eine selbstbewusste und gleichwertige Frau an seiner Seite zu wissen, so kommt er nicht umhin, sich nicht nur von der kraftvollen weiblichen Energie verführen zu lassen, sondern sich dieser zu stellen und daran zu wachsen und zu reifen.«

Lilith und das fehlende Mutterglück

In der Psyche der Frau versinnbildlichen Eva und Lilith den Konflikt zwischen Schwangerschaft, fester und verbindlicher Partnerschaft und dem Bedürfnis, sich auf andere Weise zu verwirklichen; etwa Idee und Wirken entstehen zu lassen oder sich produktiv und fleißig in die Arbeitswelt einzubringen. Dieser Konflikt ist heutzutage sehr verbreitet. Frauen, die sowohl Mutter als auch Karrierefrau sind, die ständig versuchen, ein Gleichgewicht zwischen beiden Lebensbereichen zu erstellen, kennen den Stress, der aus diesem Balanceakt entsteht. In diesem Fall finden wir im Horoskop herausfordernde Aspekte zwischen Lilith und den weiblichen Planeten, die oft von energetischen Spannungen zwischen weiblichen und männlichen Zeichen begleitet werden. Zum Beispiel Steinbock-/Widder-Platzierungen und gleichzeitig Krebs-/Stier-Platzierungen. Aber nicht nur der Konflikt zwischen den weiblichen und den männlichen Zeichen ist in diesem Kontext bedeutend, sondern auch die Winkel zwischen dem Mond im Spannungsaspekt zu Pluto, Saturn, Uranus oder Mars verschärfen die Problematik. Oft entsteht aus diesem Konflikt die Entscheidung, auf Kinder zu verzichten, um in anderen Bereichen die Erfüllung zu finden.

Nicht immer wird die Wahl, kein Kind in die Welt zu setzen, als freiwillig erlebt, oft sind Konflikte, alte Komplexe, äußere Umstände oder fremde Konditionierungen Schuld, wenn keine Erfüllung in der Mutterschaft gefunden wurde.

In der Astrologie können spannungsgeladene Aspekte zwischen Lilith und den persönlichen, weiblichen Planeten den Konflikt Eva/Lilith verkörpern. Oft hat eine Frau sich während schwieriger Aspekte Liliths zum Mond und zur Venus nicht freiwillig gegen eine Schwangerschaft entschieden. Umstände, die außerhalb ihrer Person liegen, können einen Einfluss auf diesen Verzicht gehabt haben. Eine Klientin, die vor ein paar Jahren in die Beratung kam, war kinderlos. Sie wünschte sich von ganzem Herzen ein Kind, konnte jedoch keines empfangen, weil ihr Mann unfruchtbar war. Lilith, der Schwarze Mond, stand in ihrem Horoskop in Konjunktion zu dem Deszendenten.

Obwohl eine Horoskopeignerin ihre Kinderlosigkeit bewusst akzeptiert hat und in ihrem Leben Platz für andere schöpferische Dingen geschaffen hat, kann sie insgeheim Neid und Eifersucht gegenüber Frauen empfinden, die in der Mutterschaft ihre Erfüllung gefunden haben, auch wenn sie selbst sehr genau weiß, dass sie sich selbst niemals ganz in der Mutterschaft verwirklichen könnte. Lilith und Eva werden immer als zwei gegensätzliche Prinzipien ausgelebt. Beide Teile, wenn die andere Seite einseitig ausgelebt wird, können als Schattenbilder der Seele betrachtet werden. Eva kann die Schattenseite der emanzipierten und unabhängigen Frau darstellen, und Lilith wird als Schatten im Leben der angepassten Frau oder der hundertprozentigen Mutter gelten.

Neulich besuchte mich eine Klientin, die seit kurzem Mutter geworden war. Sie war sehr bedrückt, weil sich seit der Geburt ihres Sohnes die Beziehung zu ihrer besten Freundin sehr verändert hatte. Die beiden Frauen arbeiteten zusammen in einer Boutique. Meine Klientin spürte unterschwellig, wie ihre Freundin feindliche Gefühle ihr gegenüber hegte. Die Freundin lebte ihre Feindseligkeit in der gemeinsamen Arbeit und übte Macht aus. Die Freundin ist die Vorgesetzte. Meine Klientin hatte oft Fantasien, in der ihre Freundin ihrem Sohn Schaden zufügte. Obwohl die andere sich mit dem Kind »freundlich« und »lieb« verhielt, vermied meine Klientin, diese mit ihrem Sohn allein zu lassen. Das Composithoroskop für ihre Freund-

Abbildung 3: Soraya

schaft zeigte eine verblüffende Konstellation. Mond und Schwarzer Mond standen in perfekter Opposition auf der AC/DC-Achse und symbolisierten ausgezeichnet die Rivalität zwischen den beiden Frauen (Eva und Lilith).

Es gibt noch einen weiteren, Fall, der diesen Konflikt darstellt. Die unglückliche Kaiserin Soraya wurde von ihrem Mann wegen ihrer Unfruchtbarkeit verstoßen. Lilith stand im Horoskop Sorayas, der Kaiserin von Persien im 7. Haus (das Haus der Ehe). Ihre Geschichte ist weltweit bekannt und hat große Anteilnahme geweckt. Sie heiratete mit 18 Jahren den 32-jährigen Schah von Persien, Reza Pahlewi. Um die politische Macht des Schahs durch eine Heirat zu stärken, wurde eine Begegnung mit Soraya arrangiert, sie verliebten sich auf den ersten Blick ineinander, und Soraya schwärmte später noch von seinen schönen intensiven Augen (Skorpion AC, Skorpion Sonne).

27

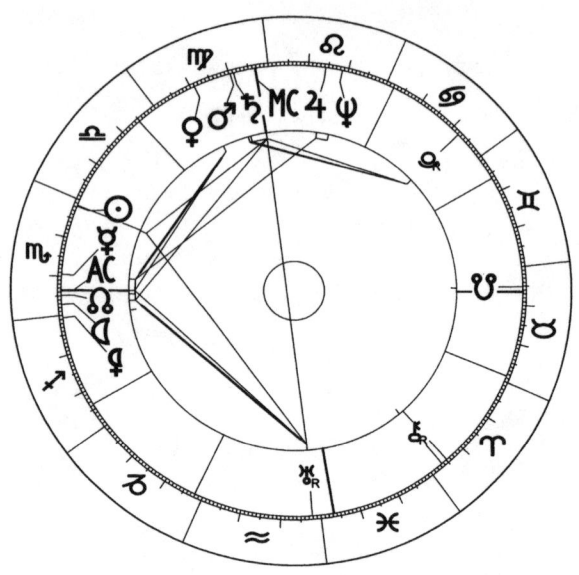

Abbildung 4: Schah Reza Pahlewi

Soraya schrieb später dazu:: »*Vor mir steht der Schah in seiner Generaluniform der iranischen Armee. Ich finde ihn beeindruckend, großartig, umwerfend. Ich bin völlig in seinen Bann gezogen. Er sieht blendend aus. Ja, ich gebe es offen zu, für mich war es Liebe auf den ersten Blick. Ich spüre seine Schüchternheit, obgleich er sich bemüht, sie zu verbergen. Am nächsten Morgen erschien mein Foto in allen Zeitungen, unsere Verlobung wurde für den übernächsten Tag bekannt gegeben.*«[9] Pahlewi sagte kurz nach seiner Hochzeit in einem Interview, dass er zwei Dinge verehre: den Koran und die Liebe zu Soraya. Er heiratete die schöne Tochter aus reichem Hause, weil er von seiner ersten Frau, der Schwester des Königs Faruk, nur eine Tochter bekam. Die blutjunge Soraya sollte dem Schah den ersehnten Sohn schenken. Sofort nach der Eheschließung versuchte das Paar ein Kind zu zeugen, aber die Prinzessin wurde nicht schwanger. So-

28

raya war unfruchtbar und blieb es trotz aller ärztlichen Bemühungen. Sie wurde von der persischen Bevölkerung sehr geliebt und mit Talismanen und magischen Essenzen unterstützt. Da sie trotz allem kein Kind empfing, blieben dem Schah nur zwei Möglichkeiten: entweder seinem Bruder den Thron zu überlassen oder sich eine weitere Frau zu nehmen. Soraya lehnte die zweite Möglichkeit ab, und tragischerweise verunglückte der Bruder tödlich bei einem Flugzeugabsturz. Soraya entschied sich für die Trennung vom Schah, um ihm eine neue Ehe zu ermöglichen. Kurz danach heiratete er Farah Diba und bekam von ihr den erwünschten Thronfolger. Da er Soraya weiterhin liebte, schickte er ihr täglich Blumen und telefonierte mit ihr.

Soraya hatte auch mit ihren späteren Beziehungen kein Glück und blieb bis zu ihrem Tod, der vermutlich wegen Medikamentenmissbrauchs eingetreten war, allein mit zwei Hunden. Der Regisseur Franco Indovina war neben dem Schah der einzige Mann, den sie wirklich geliebt hatte. Er kam bei einem Flugzeugabsturz in Palermo ums Leben. Mit Franco Indovina drehte die schöne Ex-Kaiserin einen Film: »I tre volti di una donna«. Der Schah von Persien kaufte für 2 Mio. DM alle Kopien des Filmes. Nach dem Tod ihres Liebhabers verließ Soraya Rom und lebte zurückgezogen in Paris. In Italien, wo sie sich einige Jahre aufgehalten hatte, nannte man sie »die Prinzessin mit den traurigen Augen«.

Die Stellung von Lilith im 7. Haus in ihrem Horoskop symbolisiert die Trennung von dem geliebten Mann wegen ihrer Unfähigkeit, ihm ein Kind zu schenken. Lilith befindet sich im Quadrat zu Saturn und deutet auf den schmerzhaften Verzicht hin. Sie musste sich zurückziehen und ihren Mann einer anderen Frau überlassen. Aber auch die gewollte Einsamkeit in den letzten Jahren ihres Lebens ist auf die Einwirkung des Quadrates von Lilith zu Saturn zurückzuführen.

Sonne und Venus stehen im Radix in dem fruchtbaren Zeichen Krebs, die Sonne ist jedoch unaspektiert (die Kinderfreude blieb aus), und Venus bekommt durch die Konjunktion zu Mer-

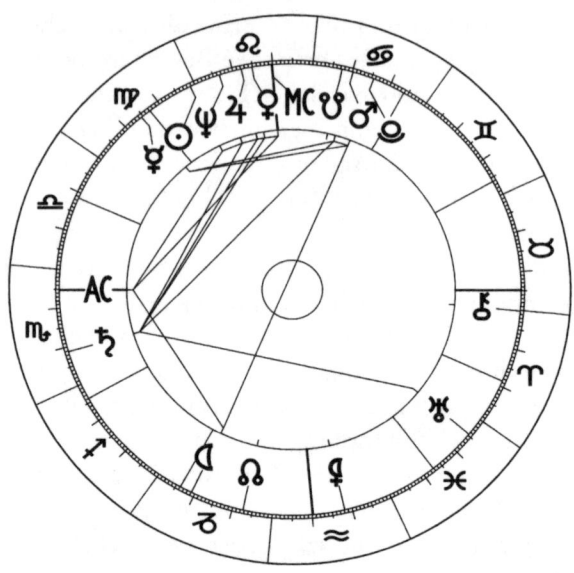

Abbildung 5: Composit Soraya und Reza Pahlewi

kur eine geistige Dimension. Soraya war für ihren Mann nicht nur eine Geliebte, sondern auch eine geistige Freundin. So liebte sie es beispielsweise, ihm jeden Abend auf Französisch Gedichte von Verlaine vorzulesen. Auch der Mond im Wassermann verkörpert eher die Rolle der Hetäre als die Rolle der Mutter. Das Quadrat zwischen Mond und Chiron lässt erkennen, dass ihre Unfruchtbarkeit eine tiefe Wunde in ihrer Seele hinterlassen hat. Das Compositphoroskop weist eine tiefe und leidenschaftliche Liebe zwischen dem Schah und seiner zweiten Frau auf, eine Liebe, die über die Trennung hinaus andauerte. Sonne und Mond stehen im Trigon zueinander und symbolisieren eine starke Anziehung, eine gegenseitige Ergänzung und Verständnis füreinander. Der Aszendent im Skorpion und die Konjunktion zwischen Mars und Pluto weisen auf eine tiefe Bindung und auf eine starke sexuelle Anziehung hin, aber auch die Tatsa-

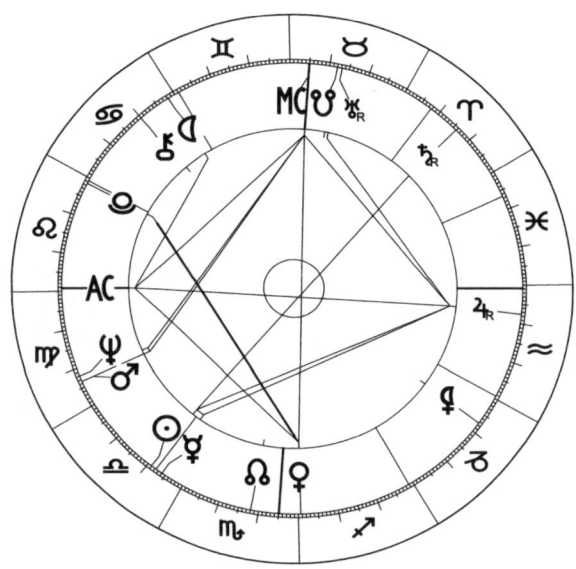

Abbildung 6: Farah Diba

che, dass Macht in ihrer Beziehung eine große Rolle gespielt hat, die schließlich zur Trennung führte, wird von der plutonischen Seite ihrer Beziehung symbolisiert. Es war eine fremde Macht, die auf kollektiver Ebene wirkte, da die Zukunft des Landes und der Krone auf dem Spiel standen. Die enge Konjunktion zwischen Venus und Jupiter ist ein Hinweis auf Zuneigung und Freude aneinander sowie gegenseitige Wertschätzung. Die Konjunktion Sonne-Neptun im Trigon zu Chiron verleiht ihrer Liebe eine magische Dimension. Ihre Hochzeit war eine Märchenhochzeit. Und die Sehnsucht, die nach der Trennung blieb und die Ex-Eheleute noch lang verband, ist eine deutliche Auswirkung der Konjunktion Sonne-Neptun. Lilith befindet sich im 4. Haus und bildet zu der Konjunktion Venus-Jupiter eine Opposition. Jupiter ist der Herrscher des 5. Hauses (der alte Herrscher der Fische), und in Konjunktion zu Venus

31

steht er für Fruchtbarkeit und Kindersegen in der Beziehung. Die Opposition des Schwarzen Mondes aus dem 4. Haus (Fortsetzung der Dynastie) verhindert diese Freude, gleichzeitig bildet die Konjunktion Venus-Jupiter ein Quadrat zu Saturn. Dieser letzte Aspekt zusammen mit der Opposition zu Lilith deuten auf die Unfruchtbarkeit hin, die als Ursache des Scheiterns der Beziehung galt.

Der Schah heiratete die Architekturstudentin Farah Diba, und von ihr bekam er einen Sohn. Im Horoskop des Schahs standen Lilith (die unfruchtbare Frau) und Mond (die Mutter seines Sohnes) in enger Konjunktion zueinander, dominant am AC im Quadrat zu Uranus. Es ist wichtig zu erwähnen, dass Reza Pahlewi sich für die Gleichberechtigung der Frau in seinem Land einsetzte. Lilith, dominant in ihrem Thema, inspirierte den Schah zu diesem politischen Schritt.

Das Horoskop von Farah Diba ist auch sehr interessant. Ihr Mond steht in dem fruchtbaren Zeichen Krebs und ist durch ein Sextil zum AC dominant. Venus und Pluto befinden sich im Trigon zueinander, und Jupiter als Herrscher des 5. Hauses bildet ein Trigon zur Sonne; alle diese Aspekte sind ein Hinweis auf Fruchtbarkeit. Der Mond im Krebs symbolisiert eine Frau, die gern Mutter ist, die ihre ganze Energie für die Pflege und die Erziehung ihrer Kinder investiert. Auch heute noch, nach dem Tod ihres Mannes, spielt sie im Leben ihrer erwachsenen Kinder eine wichtige Rolle.

Lilith im 5. Haus, im Quadrat zur Sonne, zeigt jedoch, dass einige Schicksalsschläge, die die Kinder betreffen, in ihrem Schicksal vorhanden sind. Der Sohn, der eigentlich der Thronfolgers im Iran werden sollte, ist nie Kaiser geworden wegen der Vertreibung der königlichen Familie aus ihrem Land. Ihre Tochter nahm sich mit 30 Jahren das Leben.

Das Compositohoroskop zwischen Soraya und Farah Diba ist durch die Opposition von Venus (Eva) und Lilith auf der AC/DC-Achse gekennzeichnet. Es zeigt die ungewollte Rivalität dieser beiden Frauen, die aus politischen Gründen und durch fremde Macht in der Geschichte ewig als Rivalinnen gelten werden.

Ihre Geschichte erinnert uns an den Mythos von Adam Lilith und Eva. Auch Eva wurde als besserer Ersatz für Lilith von Gott erschaffen. Lilith wurde wie Soraya verstoßen und ersetzt.

Die Transite des Schwarzen Mondes für die Zeit der Trennung von Soraya und Reza Pahlewi in der Zeit von Februar bis März 1958 sind die folgenden: Lilith stand in Konjunktion zu Uranus im 5. Haus im Composithoroskop. Die Bedeutung dieses Transits ist die Trennung aufgrund fehlenden Nachwuchses. In dem Radix-Horoskop von Soraya bildete Lilith eine Konjunktion zum aufsteigenden Mondknoten (schicksalhafte Lebenswende) und ein Quadrat zur Sonne im 9. Haus (Exil).

Lilith, die kreative Rebellion

Ich bin schwarz, deshalb schön.
(Königin von Saba)

Lilith war die Frau, die das Paradies verließ, die bewusst die Verantwortung für ihre Tat auf sich nahm und für ihre gewonnene Freiheit Schmerz, Isolation, Ablehnung und Trauer in Kauf nehmen musste. Indem sie den Befehl Gottes missachtete, wusste sie, dass es kein Zurück mehr gab, sie nahm bewusst die Strafe Gottes auf sich und ging. Deswegen drängt Lilith die Horoskopeignerin durch ihre Stellung im Horoskop, das eigene Schicksal selbst zu gestalten, auch wenn dies mit Verzicht verbunden ist. Um unserem wahren Weg zu folgen, müssen wir uns oftmals von Personen lösen, die in unserem Leben eine starke Bedeutung haben, die uns aber mit ihrer Ansprüchen auf uns selbst daran hindern, unserer Bestimmung zu folgen. Lilith führt uns oft zu Entscheidungen, die extrem und unwiderruflich sind. Sie ist ein Anstoß, der zur Veränderung führt und uns den Mut verleiht, gegen einschränkende Normen zu rebellieren. Wenn wir uns aus Angst weigern, uns aus negativen Verstrickungen zu lösen, laufen wir Gefahr, aus einem falschen Paradies nicht mehr ausbrechen zu können. Wir werden dann ein falsches Leben führen, abgespalten von unserem wahren Kern. Wie eine Klientin einmal zu mir sagte: »Wissen Sie, 30 Jahre lang habe ich versucht, die Frau zu sein, die mein Mann sich wünschte. Ich war nie ich selbst. Ich weiß auch nicht mehr, wie ich in Wirklichkeit bin. Ich habe in dieser Ehe meine Identität verloren.«

Wer in einer solchen Situation stecken bleibt, lebt entweder ewig in einer Lebenslüge oder verwandelt sich in die Schatten-gestalt Liliths: die erboste, frustrierte Frau, die ihre Familienan-gehörigen terrorisiert, ihre männlichen Kinder kastriert, ihren weiblichen Kindern ein falsches Bild der Weiblichkeit vermit-telt. Oder sie verwandelt sich in die Hysterikerin, die verrückte oder ewig depressive Mutter. Die positive Entsprechung des Schwarzen Mondes ist die selbstbewusste Frau, die Rebellin, die ihre Identität gefunden hat. Eine Identität, die aus der Un-abhängigkeit des Herzens und der Seele entspringt. Lilith steht im Gegensatz zu allem, was der Mond verkörpert. Alles, was Frauen im Patriarchat nicht sein durften, wird von Lilith ver-sinnbildlicht. Mit Zorn, Verweigerung, tödlichem Schweigen, Stolz und Rebellion versuchte sich Lilith gegen Adams Ansprü-che zu wehren. Sie wurde deswegen verstoßen, in die Unterwelt gejagt, ins Rote Meer verbannt und schließlich auch noch ihrer Kinder beraubt. Lilith wurde nicht nur aus dem Paradies ausge-stoßen, sondern auch aus der Astrologie. Wenn wir alte Astro-logiebücher lesen, die sich mit dem Schwarzen Mond befassen, erfahren wir schreckliche Dinge über die Aspekte von Lilith im Horoskop. Der Schwarze Mond wird lediglich als ein sehr be-drohliches Prinzip dargestellt. Diese Beschreibungen versetzen den armen Leser in Angst. Lilith-Entsprechungen wurden als schlecht bewertet, weil sie nicht zu der gängigen Moral passten. Aber ein kosmischer Faktor ist weder gut noch schlecht. Er ist ein Archetyp und steht jenseits von Gutem und Bösem, er wird als schlecht empfunden, wenn er unserer Moralvorstellung oder dem kollektiven Bewusstsein nicht passt. Vor der sexuellen Re-volution in den 60er-Jahren war Sex – außerhalb der Ehe – ver-boten, und auch da nur zur Zeugung von Kindern erwünscht. Geschlechtsverkehr war für eine unverheiratete Frau eine große Sünde. Nach der Überzeugung der katholischen Erziehung war der sexuelle Austausch vor Schließung der Ehe eine Todsünde. Frauen lernten schon in der Kindheit ihre Sexualität zu verleug-nen, deswegen wurde Lilith in den alten astrologischen Texten als sündhaft betrachtet.

Frauen, die es in früherer Zeit ablehnten, sich der Moral anzupassen, wurden für schlecht und verdorben gehalten. In einem Buch, das vor vielen Jahren erschienen ist und gesammelte Briefe aus verschiedenen Frauenzeitschriften enthält, wird von einer 45-jährigen Frau in einem Brief ein schlechtes Mädchen definiert: »*Ein schlechtes Mädchen kümmert sich mehr um sich selbst als um andere. Sie ist selbst- und genusssüchtig, sie hat mit vielen Männern sexuelle Kontakte. Sie tut immer genau, was sie will. Sie mag Sex und äußert ihre Wünsche in dem, was sie sagt und tut. Sie ist intelligent und normalerweise berufstätig. Sie ist keine, die sich aufopfert*«.[10] Passt die Beschreibung nicht wunderbar zu der emanzipierten, modernen Frau, die das Lilith-Prinzip in ihrer Persönlichkeit integriert hat?

Durch ihre Auflehnung ist Lilith in die Rolle der emanzipierten, aggressiven und unmoralischen Frau geschlüpft, eine Gefahr für die geordnete männliche Welt. Sie wurde ein Symbol des düsteren Eros, ein Ausdruck der Absonderung, der Unreinheit, sie wurde in die Rolle der schlüpfrigen Teufelin verdammt. Je mehr sie gefürchtet wurde, um so gefährlicher wurde die Bedrohung ihrer dunklen Kräfte. Lilith verkörpert jedoch gleichzeitig eine Energie, die von dem Instinkt und der magischen Intuition geleitet wird. Die Gefühle, die Lilith entsprechen, entstehen aus dem Bauch heraus. Philippe Grangier, ein Astrologe und Analytiker aus Frankreich, ordnet dem astrologischen Prinzip Lilith den Bauchnabel als körperliche Entsprechung zu. Es ist einfach zu verstehen warum: Der Bauchnabel vereinigte uns mit der Mutter im Mutterleib. Indem er abgetrennt wurde, sind wir auch von dem »Paradies« endgültig getrennt worden, und wir müssen uns in einer Welt voller Gefahren durchkämpfen. Die alten Griechen hielten den Bauchnabel für der Ort der Leidenschaft und der Lust, er ist die Stelle im Körper, der auch deswegen zu Lilith passt.

Frauen, die mutig ihren Weg gegangen sind und deswegen sogar um ihr Leben fürchten müssen, sind positive Verkörperungen der rebellischen Göttin. In einer Illustrierten las ich die

Geschichte von Asiyas, einer jungen türkischen Frau, die den Zorn ihrer Familie auf sich zog, als sie den Mut fand, aus der Ehe, die von der Familie arrangiert worden war, auszubrechen. Während ihrer gesamten Kindheit lebte sie von den anderen Kindern isoliert, nur die eiserne Hand des Vaters galt als Gesetz. Sie verglich ihr eigenes Leben mit dem Leben draußen in Deutschland und wurde als junges Mädchen depressiv, weil sie nicht daran teilnehmen durfte. Nachdem sie zweimal versucht hatte, sich das Leben zu nehmen, brach sie die Tradition der Familie und floh. Sie lernte einen deutschen Mann kennen, und nachdem sie die Scheidung von ihrem ersten Mann hinter. sich gebracht hatte, heiratete sie ihn, trotz der Morddrohungen seitens ihrer Familie. Asiyas, die sich nicht einschüchtern ließ, sagt heute: »*Ich würde alles wieder so machen – auch wenn es eine schreckliche Zeit war, und heute noch manchmal weh tut.*«[11]

Frauen, die Lilith integriert haben, suchen ganz individuelle schöpferische Ausdrucksmöglichkeiten, durch die sie über die Mutterrolle hinaus Profil und Bedeutung erhalten. Dabei geht es nicht nur um Kreatives im künstlerischen Sinn, sondern auch um das Schöpferische im täglichen Leben, um den Bereich der Familie, des Berufes und des Innenlebens. Frauen wollen zwar Mutter sein, aber sich auch auf anderen Gebieten verwirklichen. Diese Verwirklichung muss ganz aus ihnen selbst kommen und darf nicht unter dem Einfluss männlicher Richtlinien stehen, mit denen sie sich immer identifiziert haben. In den letzten zwanzig Jahren haben Frauen immer wieder nach dem Modell der Männerwelt gelebt, sind zu Karrierefrauen geworden und bedienen sich in ihrer Berufswelt der gleichen Ellenbogentechnik wie manche Männer. Allerdings mit dem Unterschied, dass dieser Kampf für sie noch viel schwieriger und erbarmungsloser ist: Um ihre Ziele zu erreichen, müssen sie sich täglich einer Männerwelt stellen, die versucht, sie zu erdrücken und ihnen Hindernisse in den Weg legt. Solange Frauen sich aber mit dem Männlichen identifizieren und sich auf die gleichen Verhaltensweisen festlegen, werden sie sich nie wirklich emanzipieren können.

Atalanta

Durch die Übernahme des männlichen Modells auf ihrem Weg zur Karriere haben Frauen jene Kräfte und Eigenschaften geopfert, die eigentlich weiblich wären, wie Sanftheit, Gefühl, Einfallsreichtum, Verständnis. Die Rebellion Liliths darf sich nicht darauf beschränken, die Welt durch Hartnäckigkeit, Arroganz, Konkurrenzstreben und Machtspiele zu erobern. Die Frauen müssen lernen, aus den geltenden Normen auszubrechen, neue Wege zur Verwirklichung des Weiblichen zu finden und dabei nicht in die Rolle des »missglückten Mannes" zu verfallen. Auch in einer Männerwelt müssen Frauen zu einer eigenen Identität finden, die ihnen gehört und zu Eigen ist, die aus ihrer Seele entspringt. Im Berufs- und Gesellschaftsleben müssen sie die weiblichen Begabungen entwickeln, wie Weisheit, Intuition und die Bereitschaft zur Zusammenarbeit und nicht zur Unterdrückung, um sich von der Logik der Macht und des Herrschertums zu lösen, die für eine bestimmte männliche Welt kennzeichnend ist.

Dazu fällt mir der Mythos von Atalanta ein, jener weiblichen Gestalt, die Lilith ähnlich ist – auch sie wurde nicht als diejenige akzeptiert, die sie war: Sie war die Tochter eines griechischen Königs, der sich aber männliche Nachkommen gewünscht hatte und die Tochter deshalb nach ihrer Geburt auf einem Berg aussetzen ließ. Das Kind wurde von einer Bärin gesäugt, später in einen Stamm von Jägern aufgenommen und in den Jagdkünsten unterrichtet. Atalanta wuchs heran und vollbrachte viele Heldentaten, die eines männlichen Jägers würdig gewesen wären. Dabei war sie immer von der Sehnsucht beseelt, endgültige Anerkennung durch ihren Vater zu erfahren. Als einzige Frau nahm sie deswegen mit vielen griechischen Helden an der Jagd auf den kalydonischen Eber teil, der die Wälder unsicher machte und Angst und Schrecken verbreitete. Endlich konnte sie sich doch mit ihrem Vater aussöhnen, der nach all den Heldentaten stolz auf seine Tochter war. Um in einer männlichen Welt Anerkennung zu finden, opferte Atalanta ihre Weiblichkeit. Und eine Frau, die ihre Weiblichkeit opfert, kann weder mit Männern noch mit Frauen in Harmonie leben, sie wird immer im Wettbewerb mit beiden Geschlechtern stehen und sich entfremdet und einsam fühlen.

Pygmalion

Auf der schönen Insel Zypern lebte einst Pygmalion, ein Künstler, dessen begnadete Hände die wunderbarsten Dinge zum Leben erwecken konnten. Doch scheu und den Frauen feindlich gesinnt, hatte er sich zurückgezogen und die Gesellschaft der Menschen gemieden. In der Einsamkeit seines Daseins aber formte er sich aus schneeweißem Elfenbein die Gestalt eines Mädchens, schöner als je die Augen der Menschen eines gesehen hatten, und sogleich verliebte er sich in sein eigenes Werk. Das elfenbeinerne Gebilde schien zu leben, sich zu bewegen; voller Bewunderung und Liebe schaute Pygmalion es Tag und Nacht an, und seine Liebe zu der schönen Jungfrau wurde immer größer. Oft berührte er mit seinen Händen das edle Werk, selbst nicht wissend, ob es aus Elfenbein oder aus Fleisch und Blut war. Küsse gab er ihr, und es träumte ihm, die Jungfrau gäbe sie ihm zurück. Geschenke, die junge Mädchen lieben, legte er ihr zu Füßen: Muscheln, Vögel und bunt schillernde Blumen. Schmuck legte er um ihre geschmeidigen Glieder und zierte sie mit prächtigen Gewändern. Zuletzt richtete er ihr sogar ein weiches Lager und legte unter ihren Nacken samtene Polster.

Nun näherte sich in Zypern der Festtag der Aphrodite, der Göttin der Liebe und der Schönheit. Sehnsuchtsvoll und voller Erwartung brachte auch Pygmalion der Göttin ein Opfer dar und bat sie, sie solle ihm doch zumindest eine Frau schenken, die seiner Elfenbeinstatue gleiche. Aphrodite aber verstand, was Pygmalion eigentlich wollte.

Eilig kehrte Pygmalion nach Hause zurück, lief sogleich zum Bild seiner geliebten Jungfrau und küsste sie. Und schon schien es ihm, als seien die wunderbaren Lippen warm. Er küsste sie immer wieder und berührte ihren Arm, und wie Wachs gab da der Arm dem Druck seiner Finger nach; immer wieder berührte er ihre Glieder, und auf einmal erwachte sie zum Leben, schlug die Augen auf und lächelte ihm zu. Überglücklich nahm er nun das schöne Mädchen in seine Arme, das ihm errötend folgte. Pygmalion nahm sie zur Frau, und sie gebar ihm zwei Kinder.[12]

Pygmalion ist der Mann, der keine reale Frau lieben und schätzen kann, er ist von einer Fantasiegestalt besessen. Ein Mann wie Pygmalion liebt die Frauen nicht in ihrem Wesen. Er liebt die Frau nicht um ihrer selbst willen, er sucht nur die äußerliche Schönheit und ist nicht an ihren inneren Werten und ihrer Person als Ganzheit interessiert.

Die Welt der Frauen ist Pygmalion-Männern fremd oder feindlich. Wenn der Pygmalion von heute einen Analytiker aufsuchte, würde er entdecken, dass seine Muttererfahrungen nicht besonders positiv waren. Was er in der Kindheit erlebt hat, veranlasst ihn als Erwachsenen, die Welt des Weiblichen zu meiden und sich in der Fantasie die ungefährliche Idealfrau zu erschaffen, die er nach seinem Gutdünken formen kann. Eine Statue ohne Vergangenheit, deren Gegenwart und Zukunft ihm allein gehören.

Bei Männern färbt Lilith all jene Erfahrungen, die diese mit ihrer eigenen Mutter und mit dem Weiblichen gemacht haben. Wenn die Mutter eine negative Einstellung zur eigenen Weiblichkeit und zur Männlichkeit hegte (wenn sie selbst Lilith unerlöst gelebt hat), dann versucht sie die Männlichkeit des Sohnes zu zerstören. Er entwickelt in sich ein Bild der Anima, das negativ und bedrohlich gefärbt ist. Ein Mann, der seine Lilith von seiner Kindheit her als negativ erlebt hat, ist in seiner Männlichkeit unsicher, weil die Mutter ihn in der natürlichen Entwicklung seiner männlichen Natur verletzt hat. Als Erwachsene wird er versuchen, durch Macht der Frau gegenüber seine Identitätsprobleme zu kompensieren. Er wird versuchen, seine Beziehungen zu Frauen zu kontrollieren, indem er Nähe und Anteilnahme verweigert. Die Frau wird nur als Sexobjekt betrachtet oder er weigert sich sogar, sie auf sexueller Ebene zu befriedigen (Impotenz). Wenn die Erfahrung mit dem Weiblichen durch die Feindseligkeit der Mutter beeinträchtigt wurde, verkörpert Lilith im Horoskop das negative Animabild. Der Horoskopeigner reagiert ebenfalls mit Feindseligkeit und innerer Ablehnung den Frauen gegenüber. Einem solchen Mann ist seine Männlichkeit ungeheuer wichtig, er verhält sich betont männlich, als Macho. In seinem Fall wird der Penis unendlich wertvoll, weil er als einzige Schutzmauer gegen die Bedrohung durch das Weibliche eingesetzt wird. Er kann eine Frau sexuell meisterhaft befriedigen, aber sich emotional von ihr entfernt halten.

Der integrierte Schwarze Mond im Horoskop des Mannes

Mit Lilith im Bett
Das ist nett
Sprach die Schlange
Die wilde Range
Zu Adam, dem Mann
Und schlug ihn in ihren Bann
Das machte Eva sich zu Nutze
Und kam zu seinem Schutze
So ward Lilith frei
Und kommt vielleicht auch
     bei dir vorbei
(Barbara Lilith Picard)

Welche Eigenschaften muss der Mann verkörpern, der Lilith in seiner Psyche integriert hat? Eine mögliche Antwort auf diese Frage zitiere ich aus dem Artikel von Hans-Joachim Maaz aus »*Psychologie Heute*« vom März 2001:[13] »*Der Lilith-integrierte Mann wird seine Frau nicht zu seiner Mutter machen wollen, er wird in seiner ebenbürtigen Partnerin eine Bereicherung, Ergänzung und Herausforderung erleben und mit ihr das Leben arbeitsteilig, aktiv und kreativ gestalten. Er ist ein mutterabgelöster Mann, der wirklich aus sich heraus handelt, ohne etwas aus innerer Not heraus erreichen, beweisen oder bekämpfen zu müssen. Er kann sein Alleinsein nicht nur aushalten, sondern sich in seiner Einmaligkeit und existenziellen Spezifität auch genießen. Sein Kind ist für ihn kein Rivale, sondern eine natürliche Aufgabe, die ihn zum Lehrer, Meister, Vorbild werden lässt. Und er weiß die Verschiedenheit des Nachwuchses als Ausdruck eines lebendigen Entwicklungsprozesses zu würdigen.*«

Also ein Mann, der seiner Männlichkeit bewusst ist, der es aus Angst und Unsicherheit nicht nötig hat, Frauen zu unterdrücken und zu erniedrigen, um sich stark zu fühlen oder sie in die Rolle der bösen Mutter zu verbannen. Männer, die Frauen mögen und von ihrem Herzen her respektieren, haben ihre Anima integriert, weshalb sie mit Kreativität, Inspiration und reichem Gefühlsleben belohnt werden. Solche Männer waren Söhne einer Mutter, die sich in ihrer Weiblichkeit wohl fühlte. Einer Mutter, die eine positive Beziehung zu dem anderen Geschlecht gepflegt hat und ihre männlichen Kinder nicht als Feind betrachtete. Ein Mann, der Lilith integriert hat, hat die Beziehung der Eltern nicht als einen alltäglichen Kleinkrieg erlebt, sondern als konstruktive Gemeinschaft. Er ist fähig, seine Frau als ebenbürtige Partnerin zu betrachten, und so ist seine Beziehung zu ihr frei von negativen Projektionen.

Es ist auch häufig der Fall, dass ein Mann mit Lilith im Aspekt zu Mond oder Lilith im 4. Haus seine Mutter als eine Frau erlebt hat, die anders ist als die anderen Mütter, aber nicht feindselig oder bedrohlich. Im Gegenteil, sie kann das Kind aus vollem Herzen geliebt und es ermutigt haben, eine positive Beziehung zu dem anderen Geschlecht aufzubauen. In der amerikanischen Comedy »Was Frauen wollen« wächst der Protagonist (Mel Gibson) in der Welt der Tänzerinnen in Las Vegas auf. Seine Mutter tanzte auf der Bühne der größten Spielcasinos, und er – als Kind – wartete hinter der Bühne auf sie, verwöhnt von allen Tänzerinnen und Künstlern. In dem Film spielt er die Rolle eines Machos, der mit dem Föhn in die volle Badewanne fällt und anstatt zu sterben, wie es in der Realität bestimmt der Fall gewesen wäre, erwirbt er die Fähigkeit, die geheimen Gedanken der Frauen zu lesen. Im Grunde erwacht eine Fähigkeit, die schon immer in seinem Innern schlummerte, da er als Kind ja in einer Frauenwelt gelebt hatte. Bei solch einem Mann mit einer ähnlichen Vergangenheit könnte Lilith im Aspekt zum Mond oder im 4. Haus seines Geburtshoroskops stehen.

Marc Chagall und Bella

Marc Chagall hatte ein echtes und tief gehendes Liebesverhältnis mit seiner Muse. Die positive Einstellung gegenüber dem Weiblichen wird im Horoskop von Chagall sehr ausgeprägt durch die dominante Stellung von Venus und dem Mond im Trigon zu Uranus dargestellt.

Lilith im 5. Haus bildet im Radix von Marc Chagall keine Aspekte zu den persönlichen weiblichen Planeten, sodass diese frei von dunklen Projektionen bleiben.

Ein wichtiges Thema im Leben und in der Kunst von Marc Chagall ist das der geliebten Frau als Muse des Künstlers. In Chagalls Radix-Horoskop ist Venus dominant. Dieser Planet steht in Konjunktion zum MC, dem höchsten Punkt des Horoskops, und im Quadrat zu Pluto und Neptun im 7. Haus. Noch ein Faktor, der diese Thematik verstärkt zum Ausdruck bringt, ist Lilith im Haus der schönen Kunst und der Liebe, dem 5. Haus. Lilith ist die weibliche Schöpferkraft, die bei kreativen Menschen bewusst erlebt wird. Der Schwarze Mond versinnbildlicht die Inspiration, die zu großen Werken benötigt wird. Meist eine Frau übernimmt bei Künstlern die Rolle von Lilith und wird zur Muse.

Chagalls große Liebe war seine erste Frau Bella, mit der er über 30 Jahre lang zusammenlebte und die seine Kunst inspirierte. Es gibt zahlreiche Gemälde des Künstlers, die Bella oder das Paar zusammen darstellen.

Chagall traf das junge Mädchen, das einer sozial wesentlich höheren Schicht angehörte, während sie mit einer Freundin spazieren ging. Für ihn war diese Begegnung wie eine Erkenntnis, der flüchtige Anblick des Mädchens hinterließ in ihm einen tiefen Eindruck. Er spürte in jenem Moment, dass sie seine Gefährtin sein würde. Auch Bella war beeindruckt von dem jungen Mann mit dem glühenden Blick und den schwarzen Locken, die ihm in die Stirn fielen. Leider kennen wir von Bella nur das Geburtsjahr 1895. Es wäre interessant gewesen, ein

Partnerhoroskop der beiden Liebenden zu erstellen. Es scheint mir nicht abwegig anzunehmen, dass Pluto und Lilith hier die Rolle Amors gespielt haben könnten. Die große Intensität der Begegnung spricht sehr dafür, dass der »schicksalhafte« Planet Pluto und die »leidenschaftliche« Lilith sich gerade im Transit über dem Composit der Liebenden befanden. 1909, im Jahr des ersten Treffens, transitierte Pluto über dem Radix-Horoskop Chagalls in Konjunktion zu Mars im 8. Haus und im Trigon zu Jupiter im 12. Haus. Chagalls Venus im Quadrat zu Pluto weist auf die Empfänglichkeit des Künstlers für plutonische Erfahrungen in der Liebe hin. Lilith transitierte 1909 die Waage und bildete zu Chagalls Radixstellung im 5. Haus eine Opposition und ein Trigon zum Radixmond sowie ein Trigon zu Pluto/Neptun im 7. Haus. Chagall hat seine geliebte Frau oft porträtiert, ist auf manchen Bildern aber auch selbst dargestellt. Drei davon haben mich besonders beeindruckt, weil sie so viel Glück und Lebendigkeit ausstrahlen. Eines davon heißt: »*Der Spaziergang*« und stellt das Paar bei einem Picknick dar. Sie halten sich an der Hand, Bella schwebt in der Luft (im Radix Chagalls steht der Mond in dem Luftzeichen Wassermann im Trigon zu Uranus); in ihren Gesichtern drückt sich das Glück der Liebenden in den ersten Monaten des Zusammenlebens aus. Sie wirken fröhlich und entspannt sowie körperlich und emotional befriedigt. Das Bild stammt aus dem Jahre 1917, ein Jahr nach der Geburt der Tochter Ida. Im Jahr 1917 stand Lilith in der Jungfrau in Konjunktion zur Venus und zum MC. In dem Gemälde »*Über die Stadt*« aus dem gleichen Jahr fliegen Marc und Bella, einander umarmend, über ihre Geburtsstadt Witebsk, und im »*Doppelporträt mit Weinglas*«, das in warmen Farbtönen gehalten ist, stellt Chagall sich rittlings auf den Schultern seiner Frau dar. Er hält ein volles Rotweinglas in der Hand, die Gesichter wirken unbeschwert und ein wenig weintrunken. Über den Köpfen schwebt eine Engelsgestalt, in der einige Kritiker das Töchterchen erkennen wollen.

Am 2.9.1944 starb Bella an einer Virusinfektion. Pluto befand sich damals in Chagalls Radix-Horoskop im Transit in Opposition zum Geburtsmond. Lilith transitierte im Quadrat zu der Mars/Chiron-Konjunktion im 8. Haus.

Chagall war vom Schmerz wie gelähmt. Er saß im Atelier, wandte seinen Bildern den Rücken zu und starrte ins Leere. Der Künstler hatte seine Muse verloren und fühlte sich unfähig zu malen. Ein dichter schwarzer Schleier hatte sich über sein Leben gesenkt. Mit dem Tod seiner geliebten Frau schien seine Kreativität erloschen. Erst Monate später, nachdem er eine Beziehung zu einer wesentlich jüngeren Frau eingegangen war, die ihm schließlich auch einen Sohn schenkte, konnte er seine künstlerische Arbeit wieder aufnehmen, er fand eine neue Muse, und seine Schaffenskraft wurde von neuem lebendig. Trotz aller Bemühungen konnte die neue Gefährtin jedoch die Leere nicht füllen, die Bella mit ihrer Sensibilität und ihrer stimulierenden Eigenschaften im Leben des Künstlers hinterlassen hatte. Erst 1952 begegnete Chagall einer Frau, die Bellas Platz in seinem Herzen wirklich einnehmen konnte. Lilith näherte sich dem MC und der Venus: Er fand seine Muse wieder. Ein Jahr später heiratete er die junge Russin adeliger Herkunft, die er im Hause seiner Tochter Ida kennen gelernt hatte. An der Seite von Valentina, »Vava«, fand Chagall zurück zu seiner Vitalität und Kraft und konnte neue Meisterwerke schaffen.

Radix-Lilith in Bezug auf die Partnerschaft

> Was treibt dich, Rittersmann, dein Schmerz
> allein und bleich im Land umher?
> Das Sumpfgras welkte schon vom See
> Und singen keine Vögel mehr....
> Ein holdes Kind fand ich am Rain,
> der schönsten aller Feen Bild.
> Lang war ihr Haar, ihr Fuß war leicht
> Und ihre Augen waren wild ...
> *(John Keats: La belle Dame sans Merci)*

In der Astrologie ist das Prinzip des Schwarzen Mondes nicht partnerschaftsfeindlich. Wenn Lilith zum Beispiel im 7. Haus steht, bedeutet das nicht unbedingt, dass diese Person den Weg des Alleinseins bevorzugt, weil sie Beziehungen gegenüber feindlich eingestellt ist.

Brigitte, eine Klientin mit dem Schwarzen Mond im 7. Haus, hat sich bei einer Beratung so ausgedrückt: »*Ich möchte mich in einer Beziehung nicht von den Normen des anderen leiten lassen. Ich will auch in der Partnerschaft so sein, wie ich bin. Und ich werde es mir von niemandem nehmen lassen. Meine Mutter sagt zu mir, ich sei egoistisch und ich sehe nur mich selbst. Ich weiß aber ganz genau, es ist nicht so. Mir geht es nur um dieses Gefühl: Nur wenn ich so sein kann, wie ich bin, bin ich ehrlich zu mir selbst und ich kann diese Ehrlichkeit weitergeben. Alles, was nicht ehrlich ist, existiert für mich nicht. Ich weiß, was ich selbst bin und was ich geben kann. Und wenn es außerhalb von diesem Bereich ist, stimmt es nicht mehr.*«

Menschen mit Lilith im 7. Haus haben als innersten Wunsch das Bild einer idealen Partnerschaft, die auf gegenseitigem Respekt basiert. Sie sehnen sich nach Einfühlung des einen Geschlechtes in das andere. Lilith rebellierte und verließ Adam, weil sie sich nicht von ihm unterdrücken lassen wollte. Sie suchte die Gleichberechtigung, weil diese ihr zustand, da sie aus der gleichen Erde wie Adam erschaffen worden war (aus dem Alphabet des Ben Sira) und ebenbürtig sein wollte. Eine Gesellschaft, so wie Lilith sie erstrebt, ist weder matriarchalisch noch patriarchalisch geprägt. In ihrem Mythos, so wie wir ihn kennen, wollte sie die Gleichheit der Geschlechter, sie wollte weder herrschen noch beherrscht werden. Sie spürte, dass Männliches und Weibliches einander in ihrer Unterschiedlichkeit ergänzen und dass ihr Zusammenwirken zu einer höchstgradigen Kreativität in jedem Sinne führen würde. Sie wurde nicht verstanden und stattdessen verstoßen, in die Unterwelt gejagt. Wenn wir das Lilith-Prinzip ausleben wollen, müssen wir in unseren Beziehungen nach Gleichheit und nach gegenseitigem Respekt streben. Sich in einer Partnerschaft zu emanzipieren heißt zu lernen, einander zu respektieren, einander zu verstehen. Aufrichtigkeit in der Liebe bedeutet, sich gegenseitig den individuellen Wünschen und Bedürfnissen anzupassen, die Andersartigkeit des anderen lieben zu lernen. Nur durch die Veränderung der gesellschaftlichen Systeme und Verhältnisse wird es uns gelingen, die wohltuenden Aspekte des Schwarzen Mondes wirklich zum Tragen zu bringen. Wenn Frauen und Männer die gleichen Rechte und Möglichkeiten bekommen, wird es möglich sein, dass beide Geschlechter gesellschaftlich ihre Rolle nach Wunsch und Bedarf austauschen und sich einigen können, wer von ihnen für die Existenzsicherung oder für die Erziehung der Kinder mehr geeignet ist und wie die Aufgaben aufgeteilt werden können. In einer solchen Gesellschaft kann sich die Geschlechterbeziehung ändern und der Schwarze Mond einen offenen und positiven Ausdruck finden.

Ich glaube, dass es noch sehr lange dauern wird, bis eine Gesellschaft entstehen wird, in der Männer und Frauen ihre Verschiedenheit pflegen können, ohne in Kämpfe und Übergriffe zu verfallen. Erst in einer wirklichen Gleichheit, die sich auf die

Verschiedenheit von Adam gründet, könnte die Lilith-Frau (ich meine das Weibliche im Allgemeinen) wieder zu ihren guten Eigenschaften finden, die bei der Verstoßung aus dem Paradies verdrängt worden waren; sie hätte es dann nicht mehr nötig, aus Rache zu zerstören. In den letzten Jahren ist vor den Gerichten einiger »emanzipierter« Länder heftig über sexuelle Gewalttaten, Belästigungen am Arbeitsplatz und über Gewalt innerhalb von Familien diskutiert worden. Da heute sowohl Frauen wie Männer berufstätig sind, verliert der Begriff des »Familienoberhaupts« an Bedeutung. Dies mag nur ein kleiner Anfang sein, und vermutlich wird der Weg zu einer echten Gleichberechtigung der Geschlechter sehr lange werden. Aber vielleicht ist dies gerade eines der Charakteristika der fortgeschrittenen Ära des Wassermanns?

Wir müssen ein neues Konzept finden, das sich auf eine Kultur des Andersartigen stützt. Männer und Frauen sind eben zwei Gegensätze, und als Gegensatz ergänzen sie einander. Es ist eine Aufgabe für die Zukunft, männlich und weiblich als gleichberechtigte Prinzipien gelten zu lassen, aber zur Kultur des Andersartigen gehören all jene Beziehungen, die aus dem Klischee fallen, wie etwa die homosexuellen Beziehungen, die in eine neue Gesellschaft integriert werden müssen und Raum und Respekt bekommen sollen. Wie wir in dem nächsten Kapitel sehen werden, unterstützt Lilith mit ihrer Energie alle jene Partnerschaften, die nicht als selbstverständlich betrachtet werden. Sie zerstört dagegen alles, was eintönig und gewöhnlich ist.

Ich habe jetzt gerade das Modell Mann/Frau erwähnt, weil es in dem Mythos um Adam und seine Frau geht, aber es ist selbstverständlich, dass dieser Rollentausch und die Gleichberechtigung auch in einer Beziehung zwischen zwei Menschen des gleichen Geschlechtes als Voraussetzung für ihr Gemeinschaftsleben möglich sein muss.

Wir dürfen jedoch nicht vergessen, dass Lilith immer ein Prinzip bleiben wird, dass die Bereitschaft zum Kampf erweckt, auch wenn die Beziehungen (als Liebesgemeinschaft) sich verbessern. In einer Partnerschaft, in der keine Offenheit herrscht und die Wahrheit manipuliert wird, entfaltet Lilith jedes Mal ihre radikale Energie und zerstört, was nicht echt und gerecht ist. Sie kann ihre Energie schonungslos oder auf eine höchst kreative Weise freisetzen, aber sie wird uns stets anspornen, wirkungsvoll und entschlossen zu handeln, um die Wahrheit ans Licht zu bringen. Lilith ist eine Meisterin, wenn es darum geht, Geheimnisse, Betrug oder Vertuschungen aufzudecken. Sie besitzt eine magische Intuition, die aus dem Bauch kommt, die sie sofort spüren lässt, wenn etwas nicht in Ordnung und nicht echt ist.

Der Schwarze Mond bleibt im Horoskop ein Prinzip der Rebellion, der Auflehnung. Lilith verträgt keinen Zwang und unechte Verhaltensweisen. Partnerschaften, die unter seinem Einfluss stehen, fordern viel Mühe und Reife, weil dieser Faktor – mehr als jeder andere in der Astrologie – sehr leicht zu zerstörerischen Mechanismen führt, die jede Partnerschaft in kürzester Zeit vernichten.

Dieses Prinzip kann in der Paarbeziehung zu destruktiven Verhaltensweisen führen. Dies geschieht, wenn die beteiligten Personen sich noch nicht aus den alten Verstrickungen der Vergangenheit befreit haben. Alles, was individuell nicht erkannt und verleugnet wird, führt zu neuen Verstrickungen, die das Zusammenleben mit anderen Personen sehr kompliziert gestalten lässt. Erst dann, wenn wir in unsere eigenen Tiefen vorgedrungen sind und uns aller Zwangsverhalten entledigt haben, die aus den negativen Erfahrungen von früher entstanden sind, können wir uns auf den Weg zur Begegnung mit dem Anderen machen, um die Beziehung so auszuleben wie sie ist. Auch wenn die Verbindung vielleicht nicht einfach ist, wird sie echt sein. Lilith erlangt die höchste Klarheit zwischen zwei Menschen, und nur auf dieser Basis kann eine Beziehung funktionieren.

Horoskopeigner, die Lilith in ihren Radix-Horoskopen, Lilith im Haus der Partnerschaft oder im Aspekt zu den Beziehungsplaneten (Mond, Sonne, Venus, Mars, Herrscher des 7.

Hauses) aufweisen, können mit der ungemütlichen Energie dieses Prinzips in Berührung kommen. Lilith-gefärbte Erfahrungen können von aussichtslosen Liebesaffären bis hin zur Liebes- oder sexuellen Abhängigkeit reichen oder zu stressigen Beziehungen führen, die auf gegenseitiger Rivalität basieren. Die Partner sind keine Gefährten, sondern zwei Konkurrenten, die mit jedem Mittel versuchen, als Sieger und auf Kosten des anderen aus jeder Situation herauszukommen.

Menschen, deren Lilith in Bezug zu Partnerschaftsthemen steht, können in ihren Beziehungen auch mit Schicksalsschlägen konfrontiert werden. Lilith steht in der Astrologie unter anderem für Situationen im Leben, deren Sinn sich unserem menschlichen Verstand nicht erschließt. Brigitte, die Klientin mit dem Schwarzen Mond im 7. Haus, die ich am Anfang dieses Kapitels erwähnt habe, hat nach vielen Jahren einen ihrer ehemaligen Lehrer wieder getroffen und kurze Zeit später geheiratet. Kurz vor ihrer Hochzeit ist er an Krebs erkrankt. Die Ehe hat nur knapp ein Jahr gedauert, in dem sie ihn gepflegt hat. In diesem Jahr bis zu seinem Tod sind aus ihrem Leben alle wichtigen männlichen Personen gewichen. Ihr Sohn wollte zu seinem Vater zurück ins Ausland und ihr eigener Vater starb noch kurz vor ihrem Mann.

Das Leben von Amelie, einer meiner Leserinnen, wurde sehr stark von Lilith beeinflusst, sie hatte viele merkwürdige Dinge erlebt und das Prinzip Liliths ausgiebig ausgelebt.

Amelie war eine katholische Nonne, die den Orden verlassen hatte. Später, als der Schwarze Mond im Transit in Konjunktion zu ihrem AC stand, begann sie sich für Hexerei zu interessieren (Wicca). Eine Neugier für Astrologie begann in ihr zu wachsen, und sie wurde in die indische Religion Jainismus eingeweiht. Ihre Persönlichkeit ist sehr sinnlich und von Wildheit gekennzeichnet, und obwohl sie in jungen Jahren sehr religiös war und ihre Wahl, Nonne zu werden, mit Überzeugung traf, war sie für das Leben im Kloster nicht geschaffen. Sobald sie frei wurde, erfüllte sie sich einen Traum: Sie kaufte sich ein schwarzes Pferd.

Abbildung 7: Amelie

Die Sonne im Radix steht mit Lilith, der Göttin der körperlichen Lust, in enger Konjunktion. Venus und Mars, die Planeten der Erotik und der Sexualität befinden sich ebenfalls in Konjunktion zueinander, und der Mond ist in dem sinnlichen Zeichen Stier platziert. Nachdem sie sich von dem Orden gelöst und ihre Freiheit wiedererlangt hatte, ließ sie sich auf mehrere Liebschaften ein, aber nur einen Mann hatte sie richtig geliebt: Florian, der sich im Jahre 1978 das Leben nahm. Florian und Amelie sind astrologisch sehr ähnlich gewesen. Ihre Beziehung war sehr intensiv. Auch Florian hatte in seinem Radixhoroskop eine Konjunktion zwischen Sonne und Lilith im Stier in ihrem Mondzeichen. Das Composithoroskop spiegelt die starke Verbindung der beiden Liebenden wider. Sonne-Lilith im Haus der Liebesbeziehung, dem 5. Haus. Die tiefe seelische, emotionale Bindung zwischen ihnen ist durch die Mond/Mondknoten-

Abbildung 8: Liebhaber

Konjunktion am Aszendenten und der Venus im Trigon zu Neptun symbolisiert. Amelie behauptet, sie spüre noch heute eine tiefe Verbindung zu ihm, auch nach seinem Tod. Das tragische Ende der Beziehung (auf irdischer Ebene) wird auch von der Lilith-Sonne dargestellt. Als er starb, erreichte der Schwarze Mond die Konjunktion Sonne-Lilith im Composit. Amelie schrieb mir, nachdem sie mein Buch »Lilith, die Begegnung mit dem Schmerz« gelesen hatte, und berichtete, dass sie Lilith als Leitmotiv in ihrem Leben erlebt, aber nicht nur den Schmerz kennen gelernt, sondern auch die geheimnisvolle Seite Liliths sehr genossen hatte.

Die Liebesbeziehungen, die unter der Herrschaft des Schwarzen Mondes stehen, führen zu ungeheuren emotionalen Höhenflügen, die aber dann die Partner in die Tiefen der Verzweiflung stürzen lassen. Das Drama, das solche Verbindungen immer begleitet, erschöpft und entkräftet die Beteiligten so sehr, dass sie über keine Energie mehr für ihre individuellen Ziele und Vorhaben verfügen. Es ist ein Karussell zwischen Anspannung und Erschöpfung, aus dem sehr schwierig auszusteigen ist. Die Gestalt von Lilith ist mit der Sphinx verwandt. Die Sphinx war eine Kreatur des Grauens, ein wundersames Wesen, das den Oberkörper einer schönen Jungfrau und den Unterleib einer geflügelten Löwin hatte. Sie brachte großes Unglück über die Stadt Theben, weil sie nach Menschenfleisch gierig war und deshalb die kräftigsten und schönsten Männer der Stadt entführte. Sie saß auf einer Säule auf dem Marktplatz, und von dort aus wartete sie auf ihre Opfer. Nachdem sie einen jungen Mann geliebt hatte, saugte sie ihm alle Lebenskräfte aus dem Leib und hinterließ nur seine äußere Hülle. So entkräftend können Liebesbeziehungen sein, die unter der Herrschaft von Lilith stehen.

Eine Klientin träumte unter einem Transit des Schwarzen Mondes auf ihre Radix-Lilith, dass sie nackt auf dem Boden mit ihrem Liebhaber lag. Sie küssten sich leidenschaftlich und unendlich lang. Als sie sich von ihm entfernte, spürte sie in ihrem Mund den Geschmack von Blut, und sie erschrak. Der Kuss erinnerte sie an das Gemälde von Franz von Stuck »*Der Kuss der Sphinx*«. Meine Klientin führte eine sehr anstrengende Beziehung mit diesem Mann, die sie viel Kraft kostete. Sie fühlte sich in dieser Partnerschaft energielos, weil der Mann von ihr viel verlangte und sehr wenig zurückgab.

Ich habe festgestellt, dass jene Beziehungen, die sehr aus der Norm fallen, wie z.B. Beziehungen zwischen homosexuellen Partnern oder zwischen einer viel älteren Frau und einem jüngeren Mann oder zwischen Personen, die aus sehr unterschiedlichen kulturellen Gesellschaften stammen, gut funktionieren. Die Beziehungen, die frei von Rollenklischees sind, gestalten sich oft interessanter und lebendiger, wenn auch nicht friedlicher als die so genannten »normalen« Beziehungen, weil ihre Besonderheit das Lilith-Prinzip erfüllt. Auch Partnerschaften auf Distanz sind eine Lilith-Entsprechung. In einer Welt, in der man beruflich oft flexibel und wendig sein muss, hat sich die Fernbeziehung als eine neue Form der Partnerschaft etabliert. Diese Art der Beziehung hält die Partner entfernt von der gefährlichen Nähe, die Lilith in einer festen Verbindung verursachen könnte. Eine Person mit Lilith-Betonung in ihrem Radix wird nicht sehr leicht dem Partner oder der Partnerin zuliebe auf einen Job verzichten, was die Beziehung sehr belasten und zu kleinen alltäglichen Kriegen führen könnte, die bereits das Zusammenleben von Adam und Lilith vereitelt hatten. Es entspricht nicht der Natur von Lilith, große Opfer für die Partnerschaft und für andere aufzubringen, und erst recht nicht, wenn sie sich dazu gezwungen fühlt. Dies trifft mit Sicherheit zu, wenn das Radix-Horoskop zusätzlich eine Uranusbetonung aufweist. Lilith kann sich sehr gut zu Uranus gesellen. Diese zwei Prinzipien stärken sich gegenseitig. Beide astrologische Faktoren verkörpern Eigenwilligkeit, Freiheitsliebe und Widerspruchsgeist. Wenn sie sich in einem Radix treffen, wird das Verlangen nach Eigenständigkeit, Auflehnung, Widerspruch und Rebellion noch explosiver, als wenn nur Uranus-Aspekte vorhanden wären (die für sich schon stark genug sind). Wenn Lilith dazukommt, wird dieses Verlangen nicht kontrollierbar und äußert sich in seiner extremsten Form. Aspekte von Lilith zu Uranus laden diesen Planeten bis zum Paroxysmus, und alles ist nicht mehr sicher ... Es kommt im Leben immer wieder zu Situationen, in denen der Horoskopeigner unter einen starken Druck gerät, der von heute auf morgen auftaucht, unerbittlich ist, alles zerstören und verändern kann, was festhält, verstrickt und starr macht. Es ist jedoch anders als die Energie, die auch Pluto/Uranus-Aspekte in der Astrologie verkörpern. Wenn Pluto jedoch beteiligt ist, dauert ein Prozess länger. Pluto/Uranus-Verbindungen lassen uns auch alles zerstören, was nicht mehr notwendig ist und was uns hemmt oder unfrei macht, aber sie wirken tiefer und besitzen dazu emotionale Intensität. Bei Lilith/Uranus-Aspekten ist es nicht nur der Extremismus, der sie charakterisiert, sondern es sind die Plötzlichkeit, der Überraschungseffekt, die schockierend wirken. Man kann unter dem Einfluss dieser Aspekte völlig kaltherzig und übereilig handeln.

Wenn Lilith einen Planeten im Horoskop beeinflusst, werden die Bedürfnisse, die von diesem Himmelskörper ausgedrückt werden, von absoluter Natur sein. Mir ist aufgefallen, dass sich Lilith im Grunde mit allen geistigen Planeten gut verträgt, denn sie trägt einen Teil von jedem von ihnen in sich. Aber sie unterscheidet sich auch von diesen. Lilith und Chiron beispielsweise, wurden beide ausgestoßen und verletzt. Während Chiron in dem Mythos aus seiner Verletzung lernte und seine heilenden Fähigkeiten entwickelte, wurde Lilith grausam und rachsüchtig. Beide astrologische Prinzipien stehen für Andersartigkeit und für die Gestalt des Außenseiters. Aber im Gegensatz zu Chiron ist das Anderssein von Lilith etwas, was sie nicht verletzt, sondern sie mit Stolz erfüllt und zur Schau gestellt werden kann. Lilith will sich von dem Rest der Welt unterscheiden.

Lilith kann ähnlich wie Saturn ein Prinzip der Ablehnung, der Abgrenzung, der Absonderung und der Einsamkeit sein. Saturn zieht sich zurück aus Unsicherheit und Angst. Lilith braucht die Einsamkeit wie die Luft zum Atmen. Sie geht in die Wüste, um zu sich selbst zu kommen und um ihre Sehnsüchte zu definieren. Sie nimmt die Ablehnung, die Absonderung in Kauf, um ihre echte Natur ausleben zu können.

Wenn Saturn mit Abgrenzung und Zurückhaltung reagiert, tut er es als Selbstschutz, er leidet jedoch oft darunter, und so können Verbitterung und Resignation die Folgen sein. Wenn Lilith selbst mit Ablehnung und Abgrenzung reagiert, tut sie es nicht, weil sie fürchtet verletzt zu werden, sondern um andere zu verletzen oder zu bestrafen.

Mit Jupiter hat sie die Lust auf Ausschweifungen und Sinnenfreude gemeinsam. Lilith lebt bis hin zu sexuellen Exzessen und Promiskuität. Neptun ist der Planet der Intuition, und Lilith trägt auch dieses Potenzial in sich. Bei Lilith ist die Intuition jedoch von magischer Natur. Medium und hellsichtige Personen haben in ihrem Geburtsbild oft Lilith-Neptun im Aspekt zueinander. Neptun ist der Planet der unstillbaren Sehnsüchte, Lilith das Prinzip der unerfüllten Wünsche. Neptun kann mit seinen Sehnsüchten gut leben, er sehnt sich nach dem Unerreichbaren. Der süße Schmerz, der daraus entsteht, entspricht seinem Wesen, er schwelgt in dieser bitter-süßen Qual und nährt sich von seinen Sehnsüchten. Lilith erlebt ihren unerfüllten Wunsch nicht als süßen Schmerz, sondern als Leere. Diese Leere wird als schwarzes Loch dargestellt, als das Nichts, das nie gefüllt werden kann. Philippe Grangier beschreibt in seinem Buch »La Luna Nera«[14] das Verlangen, das mit dem unerfüllten Wunsch verbunden ist: *»Das Verlangen, von dem ich spreche, ist im Falle des Schwarzen Mondes auf einen Urmangel bezogen und wird deshalb niemals gestillt werden können. Es handelt sich um eine unerfüllbare Suche, die von unserer Unvollkommenheit zeugt.«* Das Verlangen Liliths nach etwas Unstillbarem ist dramatischerer Natur als die bitter-süße Sehnsucht Neptuns.

Pluto und Lilith sind einander sehr ähnlich, beide Prinzipien können destruktiv und extrem werden, aber auch entfesselnd. Um den Unterschied zwischen diesen Prinzipien zu schildern, möchte ich mich dem Beispiel von Martin Trosbach aus seinem Artikel in Meridian 5/99 bedienen, der mir sehr passend erscheint: *»Im Unterschied zu Pluto ist Lilith jedoch nicht die Kraft und Bereitschaft, sich schmerzlichen transformatorischen Prozessen zu stellen (Pluto), sondern das Operationsmesser selbst, das mit einem Schnitt die Wunde öffnet und den Eiter, der sich lange angesammelt hat, herauslässt. Ohne dieses Operationswerkzeug (Lilith) nützt uns aber der Arzt (Pluto) auch nichts! Ohne die plutonische Kraft wiederum könnte die Verarbeitung und Heilung aber nicht gründlich gelingen.«*

Sehr oft erleben Horoskopeigner, in deren Horoskop ein starker Einfluss des Schwarzen Mondes zu finden ist, die Sehnsucht, etwas ganz Besonderes in ihren Begegnungen zu erleben. Wir können Lilith als die Patronin der »andersartigen und ungewöhnlichen« Partnerschaften betrachten. Es ist bestimmt kein Zufall, dass genau zu dem Zeitpunkt, als Lilith das exzentrische und vorschriftliche Zeichen des Wassermanns transitierte, die Debatte um die gleichgeschlechtliche Ehe aktuell wurde und schließlich das Gesetz zu gleichgeschlechtlicher Lebensgemeinschaft verabschiedet wurde. Weiterhin ist hier zum Thema Homosexualität zu erwähnen, dass genau zu dieser Zeit, als Lilith sich noch im Wassermann befand, in Frankfurt am Main ein Altenheim für Homosexuelle gebaut wurde. Am 5.9.2001, als der Schwarze Mond Anfang Fische (Institutionen) stand, wurde das »AltenpfleGayheim« eröffnet.

Als der Schwarze Mond den Wassermann transitierte, haben sich zwei Politiker in der Öffentlichkeit geoutet und ihre Homosexualität offen gestanden. Klaus Wowereit und der italienische Ex-Kulturminister Pecoraro Scanio. Im Radix-Horoskop des Spitzenkandidaten der SPD und amtierenden Bürgermeisters von Berlin Klaus Wowereit steht Lilith in Konjunktion zu seiner Sonne in der Waage. Als er seinen berühmten Satz deklarierte: »Ich bin schwul, und das ist auch gut so«, transitierte Lilith den Wassermann und bildete ein Trigon zu seiner Lilith/Sonne-Konjunktion im Radix im 3. Haus (Äußerungen, Mitteilungen).

Ebenfalls in der Zeit, als Lilith den Wassermann transitierte, erschien ein ungewöhnliches Buch: »*Annes Seitensprung Agentur*«. Die Autorin Anne Moliere ist die Inhaberin der ersten »Seitensprungagentur« Deutschlands. Die Kunden von Frau Moliere erzählen in diesem Buch, warum sie sich an sie gewandt haben. Sie berichten über ihre Gründe für den »organisierten Seitensprung«. Viele berichten, dass sie ihre festen Partner nicht verlassen möchten und dass die Liebe schon noch vorhanden ist und nicht aufs Spiel gesetzt werden soll. Aber in ihren Beziehungen ist eine gewisse Monotonie eingekehrt. Sie wollen etwas erleben, um dann zum Partner zurückzukehren. Durch das Buch ist in der Zeit des Lilith-Transits im Wassermann die Seitensprungagentur populär. Die Öffentlichkeit hatte sofort Interesse an der Arbeit von Anne Moliere gezeigt, und »liebevolle«

Männer, die ihrer Frauen ein besonderes Geschenk zum Geburtstag machen wollen, können sich an sie wenden, sowie Frauen, die Abwechslung brauchen, aber ihre Gefühle nicht investieren oder ihre Ehe nicht gefährden wollen, sind willkommene Kundinnen bei Frau Moliere.

In Freiburg hat Frau Nicole Meyer in derselben Zeit den ersten Sex-Shop für Frauen eröffnet. Sie bekam ihre Idee, als sie in San Francisco arbeitete, wo es schon seit mehr als 20 Jahren den international bekannten Frauensexshop »Good Vibration« gibt. Frau Meyer berichtet in einem Interview für die Badische Zeitung (7.1.2002) über ihre Unternehmung. In ihren Worten erkennen wir die Überzeugung Liliths als Göttin der sexuellen Lust: »Sex ist heute Thema jeder Talkshow, aber ein richtiges Gespräch darüber kommt selten zustande. Frauen, die hierher kommen, sind meist Einzelkämpferinnen.« Frau Meyer fühlt sich mehr als Psychologin denn als Verkäuferin, sie spricht mit ihren Klientinnen über die intimsten Bedürfnisse, sie versucht zu erspüren, wie Frauen darüber sprechen wollen, und sie gibt gerne Tipps weiter. Aufgrund ihrer freundlichen und offenen Art verschwindet jedes peinliche Gefühl. Angetreten ist Nicole Meyer vor allem, weil sie einen Widerspruch auflösen wollte: »Die meisten Sexspielzeuge sind für Frauen konzipiert, werden aber von Männern produziert, angeboten und gekauft. Deswegen entsprechen sie nicht der weiblichen Anatomie.«

Es gibt noch einige andere Sex-Shops für Frauen in Deutschland, der erste wurde 1994 in München gegründet, als Lilith durch das sinnliche Zeichen des Stiers lief, aber das Geschäft in Freiburg ist etwas Besonderes (Wassermann), weil in dieser Stadt seit mehreren Jahren um einen Bordellplatz gestritten wird. Frau Meyer musste sehr viele Widerstände überwinden, ehe die Banken ihr Unternehmenskonzept billigten und sie einen Vermieter überzeugen konnte, ihr die Räume zu vermieten. Endlich, knapp vor dem neuen Jahrtausend, eröffnete sie ihr Geschäft.

Liebe, Partnerschaft, Sexualität und Freundschaft – Lilith in den Häusern 5, 7, 8, 11

Es ist wichtig zu betonen, dass die Energie Liliths in den Häusern und deren Bedeutung stark von der gesamten Struktur des Horoskops abhängt. Kein astrologisches Prinzip darf allein als einziger Faktor für sich gedeutet werden. Die nachfolgend beschriebenen Auslösungen werden durch ähnliche Konstellationen im Horoskop verstärkt und zum Ausdruck gebracht.

Lilith in dem 5. Haus

Die Liebe kann im 5. Haus narzisstische Züge besitzen. Der andere soll die Bestätigung liefern, dass wir begehrt und geliebt werden, weil wir einzigartig und besonders sind. Die Platzierung von Lilith in diesem Haus erweckt das Verlangen nach dem Geliebtwerden auf eine absolute Art, und deswegen kann der Horoskopeigner zu einer Abhängigkeit der Gefühle führen. Wenn Lilith im 5. Haus steht – und andere Aspekte im Horoskop die Thematik bestätigen, z.B. Saturn, Pluto oder Chiron-Aspekte zu Sonne/Venus-Konjunktion und wenn bei diesen Aspekten das 2. Haus gleichzeitig eine Rolle spielt –, ist es möglich, dass dieser Mensch wenig Selbstliebe entwickelt hat. Er sucht deswegen in dem/der Geliebten die Bestätigung, liebenswert zu sein.

Wenn zu wenig Selbstliebe vorhanden ist, suchen wir jemanden, der diesen Mangel kompensieren kann. Deswegen kann der Partner für uns unentbehrlich werden, weil er mit seiner

Liebe und Bewunderung unsere Existenz und die Leere in uns ausfüllt; er bewirkt, dass wir uns lebendig und wertvoll fühlen. Wir versuchen jeden Moment mit dieser Person zusammen zu verbringen, und brauchen sie wie die Luft zum Atmen und neigen darum zur totalen Symbiose in der Liebesbeziehung. Eine Symbiose, die jedoch »tödlich« werden kann, weil sie uns die Möglichkeit zur Entfaltung, zum Wachstum und zur Transformation raubt und uns erstickt.

Die Aufgabe mit Lilith im 5. Haus ist, zu erkennen, dass wahre Liebe schöpferisch ist. Jeder Planet oder astrologische Punkt in diesem Haus schenkt uns die Fähigkeit, kreativ zu sein und etwas zu gebären. Mit Lilith in diesem astrologischen Feld müssen wir die richtige Liebe zu uns selbst und zu den anderen, die uns kreativ und schöpferisch macht, entdecken. Indem wir uns selbst sowie die schönen und kreativen Dinge, die wir erschaffen, lieben und schätzen, können wir den Selbstausdruck finden, der unseren Wert stärkt und Vertrauen zu uns entwickeln lässt. Wir werden keine symbiotische Beziehung mehr brauchen, um uns wertvoll und erfüllt zu fühlen. Die eigene Kreativität, die zum echten Ausdruck unserer Persönlichkeit führt, wird uns erfüllen und wertvoll machen. Wir werden keine Bestätigung von außen brauchen und die Liebe des anderen nicht mehr als Selbstbestätigung suchen, sondern als Bereicherung in unserem Leben.

Filme können sehr eindrucksvoll Geschichten erzählen, die mit den astrologischen Prinzipien übereinstimmen. In dem Film von Louis Malle, den der Regisseur nach dem Roman von Josephine Harts »Verhängnis« drehte, sind zwei Motive vorhanden, die zu dem Prinzip des 5. Hauses passen: das erotische Verhältnis und das Thema Kind (Sohn, Tochter). In diesem Film handelt es sich um das obsessive Verhältnis von einem erfolgreichen Politiker, der glücklich verheiratet ist, zu der Freundin seines Sohnes. Die Leidenschaft zwischen dem älteren Mann und der jungen Anna reißt alle Grenzen nieder und endet in einer Tragödie: Der Sohn entdeckt die beiden beim Liebesspiel, und während er verwirrt versucht, sich von dem Ort zu entfernen, stürzt er rückwärts die Treppe hinunter und bleibt tot am Treppenabsatz liegen. Die Handlung dieses Romans stellt eine typische Entsprechung zur Thematik von Lilith im 5. Haus dar.

Ein weiteres Thema für das 5. Haus ist, dass die Person mit dieser Platzierung Liliths in ihrem Leben öfters das Muster wiederholt, als Dritte in die Beziehung von zwei anderen Personen hinzuzukommen und viel Aufregung und Turbulenzen in der bestehenden Partnerschaft zu verursachen. Diese Person wird sich, sobald sie eine Bindung zu einem schon gebundenen Menschen angefangen hat, nicht allzu lange mit der Rolle der heimlichen Geliebten zufrieden geben, sondern sie wird früher oder später versuchen in die Beziehung einzudringen. In der alten astrologischen Überlieferung gilt Lilith symbolisch als die Beziehungszerstörerin. Aber wie bereits erwähnt, muss diese Person nicht unbedingt eine Frau sein, denn Männer mit Lilith im 5. Haus können ebenfalls die Tendenz aufweisen, sich in verheiratete Frauen zu verlieben.

Lilith im 7. Haus

Wenn der Schwarze Mond in diesem Haus platziert ist und insbesondere, wenn er gleichzeitig Aspekte zum Mond bildet, lässt er in den persönlichen Partnerschaften starke Konditionierungen und Muster aus der Kindheit erkennen. Die Beziehung zur Mutter ist problematisch gewesen, und die Probleme von damals können in den Beziehungen im Erwachsenenalter wieder auftauchen. Die Mutter hatte dem Kind gegenüber sehr ambivalente Gefühle gehegt und es sogar abgelehnt und stets das Gefühl vermittelt, nicht liebenswert oder schön genug zu sein. Diese Erfahrungen mit der »ersten Liebe« werden die weiteren Beziehungen des Horoskopeigners beeinflussen. Die Angst, nicht angenommen und geliebt zu werden, kann zur Blockade führen. Die Person mit dieser Platzierung des Schwarzen Mondes tendiert dazu, sich hinter eine Mauer zurückzuziehen und die Einsamkeit zu suchen. Sie trägt eine Unabhängigkeit zur Schau, die nicht echt und richtig aus dem Herzen entspringt. Nach außen hin scheint sie das Alleinsein mehr zu schätzen, als sie es in Wirklichkeit tatsächlich tut. Aus Angst vor der Konfrontation mit einem lieblosen oder gleichgültigen Partner zieht sich diese Person jedes Mal zurück, bevor es wirklich zu einer Bindung kommen kann.

Lilith im 7. Haus ist für Projektionen sehr anfällig. Da dieser Mensch das Bild der bösen Mutter in sich trägt, projiziert er es in das Umfeld seiner Beziehungen. Möglicherweise entpuppen sich alle möglichen Partner früher oder später als lieblose und gleichgültige Version der Mutter. Dazu muss nur wenig vorhanden sein: ein Nein, eine vergessene Verabredung genügt schon, um sich im Stich gelassen und abgelehnt zu fühlen. Oftmals ziehen sie jedoch Menschen an, die in der Tat nicht imstande sind, beschützende Verhaltensweisen zu entwickeln und einen liebevollen Austausch zu pflegen.

Lilith im 7. Haus kann ein Hinweis auf ambivalente Bedürfnisse in der Partnerschaft sein und verursacht eine innere Aufspaltung. Da dieses Prinzip oft in Bezug zu Dreiecksbeziehungen steht, erweckt es in dem Horoskopeigner ein Gefühl der Ambivalenz. Menschen mit dieser Platzierung sind oftmals hin- und hergerissen zwischen zwei Menschen, die sie auf eine unterschiedliche Art lieben. Oft führen sie zwei Leben.

Wenn gleichzeitig mit dem Schwarzen Mond auch Sonne, Mond oder Venus im 7. Haus platziert sind, wird diese Thematik verstärkt. Sie hängen an einer festen Partnerschaft, die Sicherheit, Schutz und Geborgenheit verleiht. In ihrem Leben neben dieser Person, die ihr Zuhause darstellt, fühlen sie sich verwurzelt und geschützt. Gleichzeitig jedoch lieben sie noch jemand anderen, mit dem sie Höhen und Tiefen erleben. Mit dieser zweiten Person leben sie eine Partnerschaft, die der Beziehung zwischen Lilith und Samael ähnelt, in der das sexuelle Begehren tiefe Sehnsüchte erweckt. Diese zweite Bindung kann Stress und Disharmonie verursachen. Die Person, deren Horoskop die Platzierung von Lilith im 7. Haus aufweist, würde nie mit dem oder der Geliebten eine feste Partnerschaft eingehen, weil sie den Stress und die Achterbahn der Gefühle nicht aushalten könnte, und trotzdem kann sie sich auch nicht davon trennen. In einem Film von Truffaut »Die Frau von nebenan« wird solch eine Situation dargestellt. Ein Ingenieur, von Gérard Depardieu gespielt, lebt ein ruhiges Leben mit seiner Familie in einem kleinem Dorf. Eines Tages ziehen in dem Nachbarhaus neue Mieter ein. Er erkennt in der Frau von nebenan seine ehemalige Geliebte, mit der er vor mehreren Jahren eine leidenschaftliche Affäre hatte. Die Leidenschaft flammt sofort wieder auf, als die beiden sich wiedersehen. Sie ist heftiger denn je und führt zu Besessenheit und tödlichen Konsequenzen.

Es kann auch das Gegenteil der Fall sein: Die Person, deren Schwarzer Mond im 7. Haus steht, fühlt sich in ihrem Gefühlsleben mit Rivalitäten konfrontiert, die ihre feste Beziehung unterminieren. Es kommt auf die persönliche Geschichte an, ob es ihnen gelingt, sich gegen sie durchzusetzen oder auch nicht. Eine Frau mit Lilith in Konjunktion zu den Spitzen des 7. Hauses in ihrem Radix-Horoskop hat mir erzählt, dass sie ein wiederkehrendes Muster in ihren Partnerschaften sehr beschäftigt: Jedes Mal, wenn sie mit einem Mann fest zusammenlebt, muss sie sich gegen Frauen durchsetzen, die ihr ihre Liebe streitig machen. Die Nebenbuhlerinnen sind oftmals Frauen aus ihrem Freundschaftskreis oder aus ihrer eigenen Familie.

Lilith im 8. Haus

Tieferes und echtes sexuelles Verlangen kann sich als Anziehung dem gleichen Geschlecht gegenüber offenbaren. Im 8. Haus kann das sexuelle Begehren eine Transformation erleben und seine wahre Natur zeigen. Im Lauf meiner Beratungstätigkeit habe ich oft Menschen mit dieser Platzierung des Schwarzen Mondes kennen gelernt, die eine normale Ehe oder heterosexuelle Beziehungen gepflegt haben und in einem wichtigen Punkt ihres Lebens sich selbst und ihre echte sexuelle Natur entdeckt und angenommen haben oder sich diese bewusst gemacht haben. Es kann vorkommen, dass Menschen mit Lilith im 8. Haus ihre Bisexualität ausleben und akzeptieren. Oder wie im Fall einer meiner Klientinnen, akzeptiert der Horoskopeigner die Bisexualität des Partners: Sie ist mit einem Mann verheiratet, der offen zu seiner Liebe zu einem anderen Mann neben seiner Ehe steht. Meine Klientin akzeptiert diese Tatsache und führt mit ihrem Mann eine harmonische Beziehung, die von einigen Menschen ihrer Umwelt verurteilt und nicht verstanden wird.

Ein Film, der diese Thematik auf eine sehr einfühlsame Art schildert, ist der italienische Film »Le fate ignoranti« (Die ignoranten Feen) von Ferzan Ozpetek. Die Protagonistin, eine Ärztin, kommt nach dem Tod ihres Mannes dahinter, dass er ein außereheliches Liebesverhältnis pflegte. Sie sammelt Indizien dafür und sucht nach der Geliebten ihres Mannes. Eine Überraschung gestaltet die Situation komplizierter als erwartet: Die Geliebte ist keine Frau, sondern ein junger Homosexueller. Die Protagonistin ist durch diese Entdeckung zuerst heftig schockiert, doch dann entwickelt sich zwischen den beiden eine zärtliche Freundschaft, die gar nicht weit von Liebe entfernt ist. Durch diese neue Gefühlsbeziehung gelingt es der Frau, die Bisexualität ihres Mannes und die Komplexität des Lebens innerlich anzunehmen.

Lilith im 8. Haus steht für das sexuelle Verhalten, dessen Ziel nicht allein zur Fortpflanzung führt. Die Sexualität als Ziel zur Vermehrung des menschlichen Geschlechtes wird durch das 5. Haus symbolisiert. Im 8. Haus erleben wir eine Sexualität, die tiefer und über die körperliche Befriedigung oder die Sehnsucht nach dem Nachkommen hinausgeht. Es ist eine Sexualität, die seelische Vereinigung und tiefe Gefühle verlangt, weil dieses Haus dem Wasserelement angehört. Wenn Lilith jedoch in diesem Haus platziert ist, wird sie zur Dämonin der Fleischeslust. Sie lässt uns die Ekstase erleben, aber sie verlangt nicht unbedingt die Beteiligung der Gefühle. Lilith in dieser Platzierung verleiht dem Horoskopeigner die Fähigkeit zu verführen und das Verlangen, Macht über den sexuellen Partner auszuüben. Das erotische Leben kann von Intrigen oder von Experimenten durchdrungen sein. Lilith ist ein ambivalenter Faktor. Der Mensch mit dem Schwarzen Mond im 8. Haus gibt sich völlig dem Liebesspiel hin, und gleichzeitig weigert er sich, gefühlsmäßig engagiert zu sein.

Wenn Lilith im Haus der sexuellen Hingabe steht, kann sie sich dieser verweigern und den Horoskopeigner zur erotischen Verneinung oder zur Enthaltung von sexuellen Kontakten bringen. Sie kann aber auch zu emotionalen Blockaden führen, die das Erleben des Höhepunktes zusammen mit einer anderen Person nicht erlauben. Dies ist ein Abwehrmechanismus, um sich nicht völlig hingeben zu müssen und um seine Autonomie und Freiheit nicht zu verlieren. Es ist möglich, dass dieser Mensch die emotionalen Bedürfnisse des Partners nicht spürt oder dass er sich auf sie schwer einstellen kann. Normalerweise wird Lilith mit triebhafter sexueller Unruhe assoziiert, aber wir dürfen nicht vergessen, dass dieses Prinzip sich durch Strafe und Verweigerung ausdrückt, sodass es nicht selten der Fall ist, dass Menschen, deren Lilith im 8. Haus, im Aspekt zu Pluto oder in Konjunktion zu Planeten im Skorpion, häufig ihre Macht durch die Sexualität ausleben. Um den Partner zu bestrafen, können diese Menschen sich auf sexueller Ebene verweigern oder dem Partner gegenüber ihre emotionale und physische Distanz während des Liebesaktes zu Schau stellen.

Lilith im 11. Haus

In der Freundschaft zwischen Mann und Frau ist Lilith weniger kompliziert als in einer engen Partnerschaft, weil Freundschaft weniger verpflichtend ist als eine enge Beziehung und weniger Ansprüche auf absolute Nähe oder auf eine feste Rollenverteilung fordert. In einer Freundschaft auf liebevoller Basis wird mehr Respekt für die Individualität und den Freiheitsdrang des anderen aufgebracht. Solche Art von Freundschaft muss nicht unbedingt die Sexualität ausschließen. Was so eine Lilith-betonte Freundschaft zwischen Mann und Frau, aber auch zwischen Menschen gleichen Geschlechts interessant macht, ist eine gewisse Spannung, die nicht unbedingt gelebt werden muss. Wichtig ist, dass die unterschwellige Spannung vorhanden ist, um der Beziehung Wärme und Reiz zu verleihen. Ich empfinde eine solche Freundschaft als Lilith-betont, weil sie eine Herausforderung darstellt. Es ist nicht einfach für Mann und Frau, nicht in die üblichen Klischees zu geraten und im Bett zu landen und als Folge die freundschaftlichen Gefühle füreinander zu beeinträchtigen und die Vertrautheit zu zerstören. In einer Lilith-Freundschaft besteht der Reiz darin, wie auf einer Seilbahn zwischen dem erotischen Verlangen und dessen Verzicht zu balancieren. In dem Buch »L'amicizia amorosa« der italienischen Schriftstellerin und Astrologin Cinzia Schimperna wird dieses Konzept so ausgedrückt: » *Die Liebe stellt das Leben auf den Kopf, sie bricht Türen auf, die für immer verschlossen schienen. Die Wirkung einer liebevollen Freundschaft ist weniger unmittelbar und heftig. Sie öffnet Türen, ohne sie aufzubrechen. Sie ist ein Schlüssel und kein Sprengsatz ...*

Wenn wir die Herausforderung nicht scheuen, kann eine liebevolle Freundschaft möglich sein, ohne sich gegenseitig weh zu tun. Im Gegenteil, sie kann für beide Unterstützung und Glück bedeuten: zwischen den beiden Partnern einer liebevollen Freundschaft entstehen Gefühle und Energieflüsse, die man nur schwer benennen und erst recht nicht auflösen kann.

Die Herausforderung besteht darin, etwas zu begreifen, was nicht existiert. Die Liebe ist ein Quadrat mit Ecken und Kanten, die liebevolle Freundschaft unterliegt eher dem Kreis, diesem unendlichen Zeichen, das den Raum umschließt und in sich selbst zurückkehrt, ganz oben, ohne Ecken und Kanten. Der Kreis kann auch zur Ellipse werden, oder wenn man ihn in sich verdreht, zum Symbol der Unendlichkeit, der unendlichen Möglichkeiten.«[15]

Abbildung 9: Françoise Truffaut

Lilith kann in diesem Haus auch Freundschaften zerstören. Ein typischer Fall wäre, wenn zwei befreundete Menschen sich in die gleiche Person verlieben. Die Freundschaft, die bisher tief und ehrlich gewesen ist, kann dadurch gefährdet werden. Ein Film, der diese Problematik schildert, ist Truffauts Kultfilm »Jules und Jim«, die poetische und zugleich tragische Geschichte einer Liebe zu Dritt. Jules und Jim sind zwei Jugendfreunde, die in das gleiche Mädchen verliebt sind. Das Mädchen entscheidet sich für Jules und heiratet ihn. Sieben Jahre später treffen sich die beiden Männer wieder und pflegen erneut Kontakt. Jules steht nicht im Wege, als Jim ein Verhältnis zu Jules' Frau anfängt. Der Film endet, wie viele Filme von Truffaut, tragisch. Die Frau und Jim kommen ums Leben. Sie stürzt sich mit ihrem Wagen in einen Fluss, als Jim neben ihr sitzt. Liebe und Tod sowie komplizierte Dreiecksbeziehungen sind oft ein Leitmotiv in François Truffauts Filmen, der in seinem Radix bedeutende Lilith-Aspekte aufweist. Der Schwarze Mond steht in Konjunktion zu Uranus in dem Feuerzeichen Widder und bildet ein Quadrat zu Pluto am Deszendenten. Venus im Trigon zu Pluto verstärkt die Thematik der leidenschaftlichen Liebe, die oft tragische Folgen mit sich führtund die so häufig in der Arbeit des französischen Regisseurs vorkommen. Seine Liebesgeschichten handeln von Liebe, Tod, Eifersucht und Besitzansprüchen. Sein Biograf Don Allen schreibt, das, was Truffaut am meisten interessierte, seien zwischenmenschliche Beziehungen. Mit Pluto im 7. Haus in Quadrat zu Lilith sowie Venus in Konjunktion zu dem Mondknoten und der Sonne in enger Verbindung zum Mond war Truffaut ein echter Kenner der komplizierten Verwicklungen, in denen Mann und Frau gefangen sind. Die Thematik Liebe und Tod spielt auch in dem Film »Die Braut trug Schwarz« (1967) die Hauptrolle. In diesem Film erscheint der Todesengel, der entweder Schwarz oder Weiß trägt. Die Braut tötet fünf Personen, um den Tod ihres geliebten Mannes zu rächen. Auch die Welt der Prostitution übte auf Truffaut eine große Faszination aus. Lilith und Pluto im Aspekt zueinander lassen ein Interesse an den Schattenthemen der Existenz entstehen. Lilith im 2. Haus im Aspekt zum 7. Haus verbindet die Liebe mit Geld und Macht.

Lilith in den Zeichen

Die Fantasie spielt in Liliths Sinneswelt die Hauptrolle. Die Platzierung Liliths in den Zeichen erweckt oft sehr starke erotische Fantasien und Träume. Venus ist der Planet, der uns über unsere Verhaltensweisen, Bedürfnisse und Vorlieben der Partnerschaft informiert. Lilith dagegen lässt in uns die geheimsten Fantasien auf sexueller Ebene entstehen. Da viel, was Lilith gern ausleben möchte, nicht immer mit der gängigen Moral zusammenpasst und daher nicht leicht auszuleben ist, wird dies in der Welt der Fantasie reichlich getan. Der Schwarze Mond in den Zeichen lässt uns auch unsere erotischen Vorlieben erkennen. Die gleiche Deutung kann auf Lilith-Aspekte zum Mond in den entsprechenden Zeichen übertragen werden. Der Mond ist der Planet, der der Fantasie zugeordnet wird. Ein Aspekt zu Lilith lässt die Vorstellungskraft eine erotische Färbung einnehmen. Ich habe lange gebraucht, um diesen Abschnitt zu verfassen, aber sobald Lilith im Transit meinen Mond im Skorpion mit einem Trigon aktivierte, hatte ich keine Hemmungen mehr, meine Klienten und Bekannten über ihre Fantasien zu befragen und mich mit dem Thema erotischer Wachträume zu befassen.

Lilith im Widder: In diesem Zeichen herrschen Mars und Pluto, zwei Planeten, die der männlichen Sexualität zugeordnet sind. Horoskopeigner mit Lilith im Widder kanalisieren ihre im Überfluss aggressive Energie und leben ihre überschwängliche Vitalität aus. Diese Menschen bevorzugen in der Liebe die Rolle des dominanten Partners, und lieben die riskanten Situationen, in denen sie Mut und Macht beweisen können und in denen ihre Eroberungslust befriedigt wird. Beim Sex sind sie mehr auf das Enderlebnis fixiert als auf die erotischen Feinheiten. Sie streben nach einer Bestätigung für ihre sexuelle Leistung und ihre Potenz (auch bei Frauen). Diese Menschen wollen in ihren Affären Ehrlichkeit und Transparenz erleben.

Lilith im Stier: Menschen mit Lilith in diesem sinnlichen und genussfähigen Zeichen zeigen auf der Ebene der Sexualität einen ungeahnten Eifer. Für sie ist die körperliche Liebe nicht nur ein sinnlicher Genuss, sondern eine »Nahrung«, die ihren tief verwurzelten Hunger nach Liebesbestätigung und emotionaler Sicherheit stillen soll. Menschen mit Lilith im Stier verbergen in sich eine voyeuristische Tendenz, die sie in ihrer Fantasie oft als Beobachter wirken lässt. Sex soll nicht nur die physischen Sinne betören, sondern auch das visuelle Erleben beinhalten. Sex und Geld spielen eine wichtige Rolle. Sie besitzen einen etwas dehnbaren Moralbegriff.

Lilith in den Zwillingen: Lilith im Zeichen der Kommunikation sucht in der Sexualität den verbalen Reiz, die Zweideutigkeit, die versteckte Botschaft. Reizvoll sind Situationen, in denen der Horoskopeigner mit etwas Ernstem beschäftigt ist und gleichzeitig einen erotischen Austausch erlebt: z.B. ein geschäftliches Telefongespräch zu führen und gleichzeitig mit dem Partner/der Partnerin Liebesspiele anzufangen.

Liebe auf einer Chat-line ist für die Person mit Lilith in den Zwillingen eine Selbstverständlichkeit. Da ihr Antrieb mentaler Natur ist, erleben sie auf diese Weise die wildesten Fantasien.

Menschen mit Lilith in diesem kreativen Zeichen verbergen die Seele eines Schauspielers, und da ihre Persönlichkeit einem Puzzle gleicht, lieben sie das Rollenspiel, um ihre vielfachen Persönlichkeiten auszuleben.

Sie bevorzugen Beziehungen, die sich zwischen Erotik und Freundschaft bewegen.

Lilith im Krebs: In diesem Zeichen spielt die Fantasie die Hauptrolle. Die Horoskopeigner mit dieser Lilith-Platzierung erleben die Lust auf freizügige Normen in ihren inneren Bildern, aber gelegentlich gelingt es ihnen, ihre sexuellen Fantasien zu verwirklichen und ausgiebig auszuleben. In diesem Fall können sie sich in einfühlende Geliebte verwandeln, die jeden Wunsch des anderen intuitiv erraten und erfüllend befriedigen. Sie verlangen in der Liebe eine totale Verbindlichkeit vonseiten des anderen. Sie können sich sanft und zärtlich hingeben, aber sie erwarten als Gegenleistung die ganze Aufmerksamkeit und Zuwendung der Person, die sie lieben oder begehren. Sie besitzen eine klare Vorstellung davon, was sie von den Partnern im Liebesspiel erwarten, auch wenn es ihnen eher liegt, sich verträumt und passiv zu zeigen. Frauen sind feminin und mädchenhaft in ihrem Verhalten, was in den Männern den Eindruck erweckt, der Stärkere und Überlegenere zu sein, was dem männlichen Stolz schmeichelt.

Eine unterschwellige Neugierde lässt einen die Geheimnisse anderer gründlich erforschen.

Lilith im Löwen: Die Egozentrik herrscht in diesem Zeichen überall vor, so natürlich auch im Liebesspiel. Für Lilith geht es hier vornehmlich um die eigene Selbstdarstellung. Die Horoskopeigner mit dem Schwarzen Mond in diesem Zeichen möchten die eigene Regie in der Liebe und in der Sexualität gelten lassen und überlassen den anderen nicht die Kontrolle der Situation, sodass ihre Partner gezwungen werden, eine hintergründige Rolle in dem Spiel der Liebe zu spielen. Sie überlassen selten dem Partner die Initiative in der Verführung. Frauen können in der Sexualität ein aggressives Verhalten an den Tag legen und wie Tigerinnen öfter die Krallen zeigen.

Im Zeichen Löwe besitzt Lilith exhibitionistische Tendenzen, was sich auch in ihrer Fantasie widerspiegelt.

Lilith in der Jungfrau: In der Astrologie wird das Zeichen der Jungfrau auf der sexuellen Ebene oft unterschätzt. Man stellt sich Jungfraugeborene als prüde und viel zu anständige Liebhaber vor. Dieses Vorurteil ist jedoch falsch. Menschen mit einer Jungfraubetonung können dagegen im Schlafzimmer einige Überraschungen bereiten. Sie sind sehr zärtliche und geschickte Geliebte, die sich Zeit nehmen und mit Geduld den Partner zum Höhepunkt begleiten. Wenn Lilith in diesem Zeichen platziert ist, kann alles, was verboten und nicht anständig ist, eine große Faszination ausüben. Alles, was sie in der Welt der Fantasie erleben, wird in Details ausgedacht, es fehlt nicht die sensorische und akustische Stimulation dabei. All die kleinen fixen Ideen und zwanghaften Vorstellungen, die bei den Jungfraugeborenen das Überschreiten der Grenzen verhindern, verschwinden, sobald sich Lilith in diesem Zeichen mit ihrem geilen Wesen umtreibt.

Lilith in der Waage: Im Geschlechtsleben sagt man, dass die Geborenen mit einer Betonung des Zeichens Waage keine extreme und keine stürmische Leidenschaft mögen. Wir sollten nicht vergessen, dass Saturn in diesem Zeichen erhöht ist, er sorgt für den Respekt der Moral und der Anständigkeit. Solche Personen fühlen sich wohler in einer romantischen Beziehung, in der Sex keine übermächtige Rolle spielt. Bei dem ersten Kennenlernen mögen sie lieber ein intimes Abendessen als eine wilde Nacht (wenigstens nicht sofort und nicht ohne höfliche Umwerbung). Wenn Lilith jedoch in diesem Zeichen verweilt, stellt sie die ordentliche Welt der Waage auf den Kopf. Sie verlangt, was der Waagemensch sich nicht zu denken traut: derben Sex, sexuelle Exzesse. Wenigstens in der Fantasie ist die Verletzten der Tabus die Hauptdarstellerin. Lilith befreit Venus, die Herrscherin der Waage, aus den starren gesellschaftlichen Zwängen und verleiht ihr wieder ihre ursprüngliche Rolle als verführerische Göttin der Erotik. Fantasien mit mehreren Partnern oder mehreren Partnerinnen oder Partnertausch sind bei Lilith in der Waage bevorzugt.

Lilith im Skorpion: In diesem explosiven Zeichen ist der Moment der Begegnung voller sexueller Erwartung und leidenschaftlicher Erotik. Der Horoskopeigner mit dieser Platzierung des Schwarzen Mondes braucht die sexuelle Erfüllung wie die Luft zum Atmen. Wenn die sexuelle Komponente in seiner festen Beziehung weniger wird, sucht er sich diese woanders, denn ohne stets leidenschaftliche und erotische Momente zu erleben, wird sein Leben leer. Die Befriedigung der Sinne spielt in seiner

Beziehung die Hauptrolle. Das Übertreten der gesellschaftlich anerkannten Regeln ist bei dieser Platzierung Liliths die Norm. Der Horoskopeigner lehnt alles ab, was normal, selbstverständlich und festgelegt ist. Sich dagegenzustellen verursacht in ihm eine subtile Freude und befriedigt seinen Forscherdrang. Da der Mensch mit einer Betonung des Zeichens Skorpion oder mit Lilith in diesem Zeichen mit jeder Art des emotionalen Ausdrucks vertraut ist, sucht er stets stärkere Emotionen, die seinen Adrenalinspiegel erhöhen. In seiner Fantasie fehlen keine Sadomaso-Szenen, da Macht und Ohnmacht im sexuellen Bereich eine Thematik ist, die ihn fasziniert.

Lilith im Schützen: Das Verletzen der Normen hat nichts Sündhaftes an sich, sondern ist für die Menschen mit Lilith im Schützen eine neue Erfahrung, die es zu machen gilt. Die Fantasie steht im Zeichen der Erforschung anderer Rassen. Exotisch genug muss die Person sein, die der Mensch mit Lilith im Schützen begehrt. Schützegeborene lieben das Abenteuer, aber sie sind oft zu moralisch eingestellt, um zu transgredieren. Wenn Lilith jedoch in diesem Zeichen die Fantasie entfacht, gibt es keine Grenzen mehr. Alles ist möglich und wird ausgiebig und überschwänglich vorgestellt. Lady Chatterly mit ihrer Vorliebe für den Förster könnte eine Figur aus der Fantasie von jemandem mit Lilith im Schützen sein. Frauen mit dieser Platzierung des Schwarzen Mondes haben eine heimliche Leidenschaft für raue und wilde Männer.

Lilith im Steinbock: Die körperlichen Sehnsüchte finden im Leben des Horoskopeigners mit Lilith im Steinbock einen angemessenen Platz. Fantasien mit einem jüngeren Partner helfen, die eigenen Machtbedürfnissen auszuleben. Die erotische Verführung wird ausgeübt, um Macht zu erreichen.

Die Autoerotik gestaltet sich erfüllend, in der jene Personen mit Lilith im Steinbock in der Fantasie gerne den Regisseur spielen. Sie sind selten selbst die Darsteller in ihrer Vorstellung, sondern sie besetzen ihre inneren Filme mit ihnen bekannten Personen oder mit Darstellern, die aus ihrer Imagination entstammen. Auf diese Weise befriedigen sie ihre voyeuristische Ader und behalten auch in der Welt der Fantasie die Kontrolle über die Situation.

Lilith im Wassermann: Freundschaftliche Beziehungen erhalten immer eine erotische Komponente. Freundschaftliche Zuneigung kann sich auch als erotische Zärtlichkeit ausdrücken. Der erotische Moment ist in den Begegnungen von Menschen mit Lilith im Wassermann das Salz im Leben – auch wenn dieser sich nicht konkretisiert und nur im Bereich der Fantasie ausgelebt wird. Und genau bei diesem Zeichen, in dem sich alles im Kopf abspielt, webt Lilith die verrücktesten Fantasien, in der die Horoskopeigner oft unvorhergesehene Entwicklungen und unerwartete Überraschungen erleben.

Experimentieren ist das Motto von Menschen, die Lilith in diesem extravaganten astrologischen Bereich haben.

Lilith im Wassermann verlangt erotische Erfahrungen, die bis jetzt nicht für möglich gehalten wurden, um wirklich das echte Gefühl der Tabulosigkeit erleben zu können. Verschlungene Abenteuer, die schwierig zu steuern sind, üben auf sie eine große Faszination aus.

Lilith in den Fischen: Das Überschreiten der Grenzen bekommt eine spirituelle Dimension. Der mystische Anteil wird durch sexuelle Praktiken wie zum Beispiel das Tantra gesucht. Komplizierte Heimlichkeiten sind mit Beziehungen verkoppelt. Masochistische Neigungen lassen die Horoskopeigner mit Lilith in den Fischen in ihren Gedanken Opferfantasien erzeugen. Frauen sehen sich gern als den passiven Teil im Liebesspiel. Männer dagegen träumen gern von nachgebenden Frauen. – Dieses Wasserzeichen ist sehr stark mit der Welt der Fantasie verbunden, sodass die Horoskopeigner mit Lilith in den Fischen nach ihren Vorstellungen oft enttäuscht sind, weil ihnen klar ist, dass die Gefühle und die erotische Intensität, die sie in dem gespielten Traum erleben, nicht echt oder in der Realität nicht auszuleben sind. Die Realität wird sich immer als enttäuschend entpuppen.

Lilith in Verbindung zu den Beziehungsplaneten im Radix

Lilith in der Partnersuche konfrontiert uns oft mit der Sehnsucht nach dem Absoluten, wir sehnen uns nach etwas, das unmöglich zu erreichen ist, weil eine so idealisierte Persönlichkeit nicht existiert oder weil die Situation, die wir uns für unsere Beziehung geschaffen haben, nicht auszuleben ist. Wenn wir nicht imstande sind, uns damit abzufinden, dass kein realer Partner oder reale Partnerin unser Ideal werden kann, übertragen wir unsere Fantasien auf eine mythische Gestalt, die auch eine reale Person sein kann, aber nicht für immer, weil wir bald darauf merken werden, dass dieser Mensch nicht der- oder diejenige ist, die wir gesucht haben. So werden wir unsere Suche unendlich weiterführen. Diese Auslösungsmöglichkeit des Schwarzen Mondes wird durch Aspekte im Radix von Neptun zu Sonne, Mond, Venus und Mars beträchtlich verstärkt.

Ich habe zahlreiche Beispiele aus dem Leben berühmter Frauen ausgesucht, um die Auswirkung Liliths im Aspekt auf die Planeten, die eng mit den persönlichen Beziehungen im Zusammenhang stehen, zu untersuchen. Hier möchte ich eine kurze Beschreibung der Auswirkungen Liliths zu den persönlichen Planeten geben. Eine ausführliche Deutung der Aspekte von Lilith zu den Radix-Planeten ist in meinem ersten Buch »*Lilith, die Begegnung mit dem Schmerz*«[16] vorhanden. Bei Aspekten zwischen Lilith und der Sonne steht die Beziehung zwischen dem Instinkt und der Rationalität im Vordergrund. Die Horoskopeigner, die in ihren Horoskopen Trigone oder Sextile zwischen diesen beiden Faktoren aufweisen, haben keine Mühe, Gefühle aus dem Bauch zu integrieren, aber sich von ihnen nicht überwältigen zu lassen. Männer haben eine gute Beziehung zu ihrer Männlichkeit, sind jedoch keine Machos, die es nötig haben, Frauen zu unterdrücken. Sie sind von dem anderen Geschlecht fasziniert und pflegen aufbauende Beziehungen zu Frauen. Homosexuelle Männer und Frauen akzeptieren ihr Anderssein und leben es offen.

Frauen mit harmonischen Aspekten des Schwarzen Mondes zur Sonne leben ihre männlichen Eigenschaften auf eine positive Weise und verschaffen sich eine Lebenssituation, die sie befriedigt, ohne sie in ständigen Konkurrenzkampf mit ihren männlichen Kollegen und Partnern oder mit anderen Frauen zu stellen. Sie gehen ihren Weg, ohne jedoch über Leichen zu gehen.

Bei den herausfordernden Aspekten von Lilith und der Sonne erleben die Horoskopeigner ein Ungleichgewicht zwischen dem, was sie wollen und anstreben, und dem, was ihr Bauch zu signalisieren versucht. Oft geraten sie in heikle Situationen, die sie hätten vermeiden können, wenn sie die mulmigen Gefühle, die aus dem Bauch heraus kommen, beachtet hätten.

Der Konkurrenzkampf zwischen den Geschlechtern ist heftig und unfair. Frauen haben in ihrer Kindheit kein positives Bild des Männlichen und empfinden den Männern gegenüber oftmals Misstrauen, Verwirrung, Angst oder Zorn. Männer haben von ihren Vätern eine verachtende Haltung gegenüber den Frauen »geerbt« und halten sie für minderwertig. Der Partner des anderen Geschlechts wird nicht als Gefährte empfunden, sondern als Feind, deswegen wird man ihn auch nicht an seinem Leben teilnehmen lassen. Entweder wird gestritten oder man geht sich aus dem Weg. Einige der Entsprechungen, die wir bei Lilith im Aspekt zur Sonne feststellen können, treten in verstärktem Maße auch bei Lilith-Aspekten zum Mars auf.

Nur wenn der Schwarze Mond einen Aspekt zu Mars (egal, ob harmonisch oder spannungsgeladen) bildet, ist die starke sexuelle Komponente seiner Auswirkung ausgeprägter als bei seinen Aspekten zur Sonne. Bei den harmonischen Winkeln wird die freizügige Sexualität richtig genossen, ohne Reue oder Schuldgefühle. Die Liebe spielt bei diesen Verbindungen keine bedeutende Rolle. Die Freude der Sinne ist wichtiger als die romantischen Gefühle. Bei den Spannungsaspekten spielen beim Sex Berechnung, Unterdrückung oder zerstörerische Leidenschaft eine Rolle. Aber auch Grausamkeit oder Gewaltbedrohung sind ein Thema, wenn andere Faktoren im Horoskop noch eine Rolle spielen. Lilith ist die Schattenseite des Mondes. Aspekte zwischen diesen beiden Prinzipien lassen die Thematik der Schatten erkennen, und Horoskopeigner, deren Horoskope harmonische Aspekte zwischen Lilith und dem Mond aufweisen, streben nach der Integration der Schattenseiten, um endlich in ihrer Ganzheit in Erscheinung zu treten. Die Schattenthemen werden durch die Eigenschaften jenes Zeichens symbolisiert, in dem Lilith platziert ist. Wenn der Schwarze Mond im Sextil oder Trigon zum Mond steht, haben wir die Möglichkeit, harmonische Beziehungen zu anderen Menschen zu pflegen, weil wir weniger Schattenthemen auf sie projizieren, und somit gestalten sich die Beziehungen authentisch.

Spannungsaspekte erschweren die Integration der Schatten. Die komplizierte Beziehung zu der eigenen Mutter lässt Folgen auf das Beziehungsleben erkennen. Ähnliche Themen wie in der Kindheit und in der Jugend tauchen in der Partnerschaft auf und erzeugen alte Muster. Die zerstörerische und bedrohliche Komponente des Schwarzen Mondes macht sich hier bemerkbar. Wenn Lilith in Quadrat, Opposition oder Konjunktion zur Venus steht, ist die Beziehung zu Erotik und Lust erschwert. Blockaden erlauben nicht, dass die Person, in deren Horoskop solche Aspekte vorhanden sind, die Freude der Sinne genießt und sie ungezwungen und spontan erlebt. Die Hingabefähigkeit ist gestört, die Gefühle erstarren. Frauen finden sich unbewusst in Dreiecksbeziehungen verwickelt. Den Mann einer Rivalin auszuspannen übt eine große Faszination auf manche

Frauen aus, die von Venus-Lilith geprägt sind. Dies verleiht ihnen ein übermächtiges Gefühl, schmeichelt ihrer Eitelkeit und saniert ihr angeschlagenes Selbstwertgefühl. Meist werden mit diesem Verhalten Enttäuschungen und Ablehnung in der Kindheit kompensiert. Frauen mit Lilith in harmonischen Aspekten zur Venus haben dies nicht nötig, ihr Selbstwertgefühl ist stabil. Sie haben eine positive Einstellung zu ihrer Weiblichkeit und akzeptieren diese mit all ihren Ecken und Kanten. Die dunkle Seite der Sexualität ist integriert und schenkt ihnen viel Erfüllung in ihren erotischen Beziehungen. Männer mit harmonischen Aspekten zwischen Lilith und Venus sind von Frauen fasziniert, die eine starke erotische Ausstrahlung haben. Wenn Mond und Venus noch harmonisch aspektiert sind, lieben und bewundern diese Männer das andere Geschlecht wirklich. Wenn sich Lilith jedoch in männlichen Horoskopen in Spannung zur Venus befindet, dann ist die Beziehung zu Frauen schwierig zu gestalten. Ablehnung und Abwertung können die Folge sein.

Lilith und die Liebe – Beispiele aus dem Leben berühmter Frauen

Sibilla Aleramo, Verlangen nach Unabhängigkeit

Die Lyrikerin und Frauenrechtlerin Sibilla Aleramo musste für die Freiheit, sich selbst literarisch auszudrücken und aus einer Ehe mit einem gewalttätigen Ehemann auszubrechen, einen hohen Preis bezahlen: Sie musste auf das Recht, ihren Sohn zu sehen, verzichten. Schon als kleines Kind zeigte sie einen stolzen und willensstarken Charakter. Sie war ein Kind, das voll Vertrauen in sich und das Leben in einer wohlsituierten Familie aufwuchs. Uranus/Mars/Sonne-Konjunktion am AC zeigen eine Persönlichkeit, die unabhängig und ungezwungen ihr Leben leben wollte. Der Mond in den Zwillingen im Quadrat zu Saturn symbolisiert die frühe Trennung von der Mutter, die aufgrund psychiatrischer Störungen in eine Anstalt gebracht wurde, als Sibilla noch klein war. Der Mond im Aspekt zu Saturn und Venus in Opposition zu Lilith zeigen auch einen inneren Konflikt, den Sibilla mit ihrer Weiblichkeit in sich trägt. Es war für sie einfacher und spontaner, die Eigenschaften der Sonne/Mars/Uranus-Konjunktion auszuleben. Sie wollte in der Welt des Geistes tätig sein. Als junges Mädchen träumte sie bereits von einem Leben in Rom als Schriftstellerin. Aber das Dasein einer Italienerin gegen Ende des 19. Jahrhunderts ließ ihre Ziele schöne Träume bleiben. Nachdem die Mutter eingeliefert wurde, musste die junge Sibilla in der Fabrik des Vaters arbeiten und die Anstellung der Mutter übernehmen. Im väterlichen Unternehmen erlitt sie die Gewalt, die in der Konstellation Sonne/Mars/Uranus im Quadrat zu Pluto und Lilith in Opposition zu Venus als latente Energie festge-

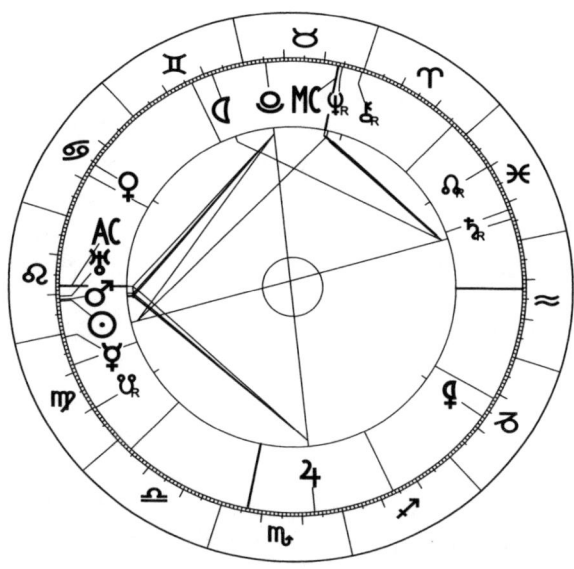

Abbildung 10: Sibilla Aleramo

halten ist. Ein Mitarbeiter des Vaters vergewaltigte sie und zwang sie zur Heirat (sie wurde schwanger). Neun Jahre lang lebte sie in dieser Ehe, zusammen mit einem äußerst unberechenbaren und gewalttätigen Partner. Nebenbei schrieb sie jedoch unter einem Pseudonym für eine Frauenzeitschrift. Ihre ganze Energie verwandte sie darauf, um sich aus dieser Ehe zu befreien, aber es war zu jener Zeit nicht einfach für eine Frau, sich scheiden zu lassen. So blieb ihr nur eine Wahl: ausbrechen, koste es was es wolle. Der Preis war der Verzicht auf ihr Kind. Obwohl diese Wahl sehr schmerzhaft gewesen sein muss, war ihr Verlangen nach einer eigenen Identität, das von der Platzierung der männlichen Planeten im 1. Haus symbolisiert ist, so unermesslich groß, dass sie sich für die Freiheit entschied. In ihrem Horoskop lassen Mond im Quadrat zu Saturn und Venus in Opposition zu Lilith eine Persönlichkeit vermuten, die nicht sehr mütterlich war. Obwohl sich die Venus im Krebs befindet, wird das mütterliche Naturell durch die Opposition zu Lilith überdeckt. Zumal Lilith außerdem im eigenen Domizil steht und alle krebsbetonte Bedürfnisse verleugnet.

Das Verlangen nach der eigenen Unabhängigkeit hat sich in ihrer Natur durchgesetzt. Lilith-Themen haben immer mit dem Mut zu tun, sich in der Gesellschaft einen Platz zu verschaffen, trotz Ablehnung und Unverständnis von Seiten anderer.

Sibilla Aleramo hat das Mütterliche in ihren zahlreichen Liebesgeschichten ausgelebt, meist mit jüngeren Künstlern, die sie gefördert hat. Als 70-jährige lebte sie in einer Beziehung mit einem 40 Jahre jüngeren Mann. Ihre Sexualität war neugierig und hervorbrechend. Venus im Krebs lässt sie romantisch und einfühlend wirken, wobei sie gleichzeitig durch Lilith im Aspekt zu dem Planeten der Liebe und ihrer Sonne/Mars-Konjunktion besitzergreifend und leidenschaftlich war. Menschen mit den Verbindungen zwischen Venus und Lilith im Horoskop experimentieren in der Erotik gern. Ihr Drang zum Überschreiten der gesellschaftlichen Regeln lässt sie Bereiche in der Sexualität erforschen, die geheimnisvoll und beunruhigend sind. Sibilla Aleramo hat nicht nur leidenschaftliche Beziehungen zu Männern gepflegt, sondern hatte sie in ihrem langen Leben auch sehr innig eine Frau geliebt.

Katherine Mansfield, ein Kind der Freiheit

Menschen mit Mond im Wassermann oder im Aspekt zu Uranus und Lilith lassen ein ausgeprägtes Bedürfnis nach Freiheit und besonderen Erlebnissen entstehen. Frauen mit dieser Mondstellung lassen sich nicht in festen Strukturen gefangen halten. Sie brauchen das Gefühl, was sie sich von Herzen wünschen, sofort realisieren zu können, koste es was es wolle. Der Preis, den sie dafür zahlen müssen, wird immer gering sein im

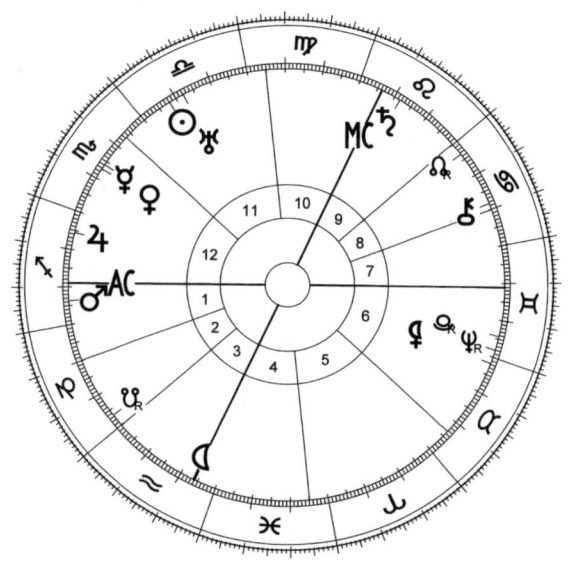

Abbildung 11: Katherine Mansfield

Vergleich dazu, was sie verlieren würden, wenn sie die Möglichkeit der freien Entscheidung nicht mehr hätten. Ein Beispiel für solch eine besondere Persönlichkeit ist die Schriftstellerin Katherine Mansfield, die in ihrem Horoskop Mond im Wassermann im Trigon zu Uranus und im Quadrat zu Lilith hatte. Außerdem befand sich ihre Sonne in Konjunktion zu Uranus.

»Eine zarte Porzellanfigur« – so wurde sie von ihren Bekannten beschrieben. Eine schlanke Gestalt, zarte Gesichtszüge und Augen, die auf den Fotos der Jugendzeit lebhaft und später, im Laufe ihrer Krankheit, fiebrig blicken. Sie war begabt, und es war ihr nur ein kurzes Leben vergönnt. Im Alter von 35 Jahren starb sie an den Folgen einer übergangenen Rippenfellentzündung, die sich zu einer Tuberkulose entwickelte.

»Es ist ein schreckliches Ärgernis, wenn man das Leben so

liebt wie ich. Ich glaube, ich liebe es im Laufe der Zeit immer mehr anstatt weniger. Es wird mir nie zur Gewohnheit, es ist immer ein Wunder. Ich hoffe, noch so lange aushalten zu können, dass es mir gelingt, noch etwas wirklich Gutes zu schaffen. Ich habe genug von all den vielversprechenden Leuten, die dann doch sterben. Ich habe keine Lust, mich bei ihnen einzureihen. Also schlecke ich weiter Eigelb und Sahne.«[17]

Durch ihren uranisch geprägten Mond im Aspekt zur Lilith verspürt sie einen frenetischen Lebenswillen in sich. Die Lust am Reisen (Mars Sextil Sonne, der Herrin des 9. Hauses), der Hunger nach Erfahrungen und die Rastlosigkeit ihres ganzen Wesens (Sonne Konjunktion Uranus) ließen sie aus jeder Situation fliehen, die in irgendeiner Weise allzu stabil hätte werden können. Sie war ein echtes Kind der Freiheit, so wie ihr Mond im Wassermann im Trigon zu Uranus und im Quadrat zu Lilith ihr Wesen prägte. Durch eine dieser Fluchten schädigte sie ihre Gesundheit für immer und handelte sich damit auch einen frühzeitigen Tod ein. Lilith steht im 6. Haus, im Bereich der Gesundheit, und bildet zum Mond, dem Herrscher des 8. Hauses, ein Quadrat. Dieser Aspekt versinnbildlicht sehr genau den Hunger nach Erfahrungen, die zur Schädigung der Gesundheit, bis hin zum Tod führen können. In ihrem Lebenshunger maß sie der Rippenfellentzündung keine Bedeutung bei und reiste weiter durch Europa. Aus ihrem Bewegungsdrang heraus hatte sie ihre Heimat Neuseeland verlassen und war nach England gegangen. Das wunderschöne wilde Land konnte einer sensationshungrigen Seele wie die der Mansfield außer bezaubernden Landschaften nicht viel bieten. Im Alter von 18 Jahren wurde Katherine zusammen mit ihren Schwestern zum Studium nach London geschickt. Nach ihrer Rückkehr in die Heimat konnte sie das geeignete Leben und die familiären Verpflichtungen nicht mehr ertragen – der Mond bildete in ihrem Horoskop eine Opposition zu Saturn und wies auf eine Abneigung gegenüber Verpflichtungen jeder Art hin, die als Bedrängung erlebt wurden. Außerdem sehnte sie sich nach einem jungen Cellisten, den sie in England kennen gelernt hatte. Sie setzte sich ihren Eltern gegenüber durch und kehrte 1908 nach London zurück. Lilith lief in diesem Jahr durch den Löwen und bildete ein Sextil zu ihrer Radix-Sonne/Uranus-Konjunktion, ein Trigon zur Radix-Venus/Merkur-Konjunktion und ein Trigon zu ihrem AC im Schützen. Katherine-Lilith verließ ihr vertrautes Umfeld und begann ein Vagabundenleben, das angefüllt war mit Reisen, Liebe und vor allem mit Literatur.

Ein Blick auf Katherine Mansfields Horoskop zeigt uns, wo die Quelle der Unruhe und Lebensgier steckt: Die Sonne in der Waage verfügt nicht über die Harmonie und den inneren Frieden, die eigentlich für dieses Zeichen typisch sind, denn sie steht in Konjunktion zum elektrisierenden Planeten Uranus. Diese Konjunktion befindet sich, wie schon erwähnt, in einem Trigon zum Mond im Zeichen des bizarren Wassermanns. Diese Konstellation erzeugt Intelligenz und Neugier, Hunger auf neue Erfahrungen und das Bedürfnis, allzu enge Bindungen zu lösen. Der Mond im Quadrat zu Lilith verstärkt diese Aussage. Katherine war eine moderne Frau, eine Vorläuferin des unbekümmerten und unabhängigen Frauentyps, der nach den feministischen Kämpfen der 60er-Jahre zum Erblühen kam. Wie alle von Uranus/Lilith geprägten Menschen war sie ihrer Zeit voraus. Sie begann sehr jung mit dem Schreiben (Luftbetonung). In ihrem autobiografischen Vermerk zu einem Buch schrieb sie, sie hätte ihre erste Reise im Alter von sechs Monaten unternommen, mit neun Jahren zu schreiben begonnen und ihr restliches Leben mit Reisen und Schreiben verbracht, wie ihr AC im Schützen und die Konjunktion Merkur/Venus im 11. Haus es wollten. Der AC einer so begeisterten Reisenden konnte in ihrem Radix nur im Schützen in Konjunktion zu Mars im gleichen Zeichen stehen.

Ihr Gefühlsleben war sehr bewegt, wie es ihrem Wesen entsprach. Wie alle Waagegeborenen wünschte sie sich sehnlichst einen Lebensgefährten, doch ihr Bewegungsdrang und ihre Abneigung gegen enge Bindungen ließen sie in den ersten Jahren immer wieder den Partner wechseln. Im Jahre 1908 kam sie nach England zurück, um ihre Beziehung zu dem jungen Musiker wieder aufzunehmen, verliebte sich aber in seinen Bruder. Sie heiratete jedoch keinen von beiden, sondern – viel zu übereilt – einen Geigenlehrer, von dem sie sich trotz einer Schwangerschaft sofort wieder trennte, um zu ihrem ersten Liebhaber zurückzukehren. Durch die körperlichen Anstrengungen, die sie sich auferlegte, verlor sie das Kind. Sie wurde nie mehr Mutter. In meinem Buch »*Lilith, die Begegnung mit dem Schmerz*«[18] habe ich in einem Kapitel über Mond und Schwarzem Mond hingewiesen, wie solche Aspekte sich oft gegen einen glücklichen Verlauf einer Schwangerschaft auswirken können. Wie wir von dem Mythos über Lilith erfahren haben, besaß Lilith nicht die Fähigkeit, ein Kind auszutragen und zu gebären. Das gesamte Bild der Persönlichkeit muss jedoch in verschiedenen Hinsichten mit dieser Aussage übereinstimmen. Da oft unbewusste Faktoren den Verlauf der Schwangerschaft beeinträchtigen können, müssen wir gründlich die Psychologie der Frau mit einem Mond/Lilith-Aspekt untersuchen, bevor wir eine Deutung in dieser Richtung wagen. Bei Katherine Mansfield war es ihre Unruhe, die sie gehindert hat, Mutter zu werden. Negative Emotionen und zuviel Stress belasten Körper und Seele erheblich, sie können uns aus dem Gleichgewicht bringen. Bei Katherine Mansfield wurde die Schwangerschaft durch ihre Ruhelosigkeit und instabile Gefühle unterbrochen – im Radix wird dies von dem T-Quadrat zwischen Lilith, Mond und Saturn symbolisiert.

Katherine Mansfield war eine junge Frau ohne Vorurteile, die sich auch in der Liebe frei und unkonventionell verhielt, dabei aber immer wieder nahe daran war, einen Skandal zu entfachen – und sich nicht weiter darum kümmerte. Wie die mythologische Lilith ordnete sie sich den Männern niemals unter, auch dann nicht, als sie den Verleger John Middleton Murry heiratete. Zuvor lebte sie acht Jahre gelegentlich mit ihm zusammen, wobei sie von ihrem ersten Mann noch nicht geschieden war. Die eigentliche Ehe dauerte nur wenige Jahre. Die ganze Partnerschaft war sehr intensiv, aber auch durch andere Beziehungen und durch Trennungen unterbrochen. Trotz aller Liebe konnten die beiden einander immer nur eine gewisse Zeit lang ertragen. Katherine war sich ihres frenetischen Verlangens nach Freiheit und Distanz durchaus bewusst, war dabei jedoch mit sich selbst nicht im Reinen. Die leidenschaftliche Venus im Skorpion wurde durch das Quadrat zu Saturn unterdrückt, durch die Konjunktion mit Merkur intellektualisiert und ins 12. Haus zurückgedrängt – sie konnte sich also nicht mit der sonst für das Tierkreiszeichen typischen Leidenschaft und Intensität ausdrücken. Katherine fühlte sich zur Distanz gezwungen und wäre doch gerne imstande gewesen, mit dem geliebten Ehemann ein intensives Zusammenleben zu gestalten. Der Preis, den Lilith für ihre Freiheit zahlen muss, ist immer hoch. In dem Mythos wurde sie in die Wüste verbannt und musste Ablehnung und Isolation in Kauf nehmen.

Nach ihrer Rückkehr von einer langen Reise heiratete am 3. Mai 1918 Katherine Mansfield den Verleger Murry, als sich der transitierende Uranus in Konjunktion zu ihrem Radix-Mond und im Quadrat zu Lilith befand. Der Schwarze Mond im Transit bildete ein Trigon zu seiner Radix-Stellung.

Zwei Wochen später zog sie sich bereits wieder allein in ein Hotel in Cornwall zurück, und am 2. Juni schrieb sie einen Brief an ihren Mann: »Alles ist da, herrliches Wetter vom Ozean gestaltete Vögel, langsame Wolken, Blumen in ganzen Büscheln – aber du bist nicht hier. Du bist nie da, um etwas mit mir zu genießen – nie.«[19] Murry selbst war vermutlich ebenfalls ein eher freiheitsliebender Mensch, wie er in Mansfields Horoskop dem männlichen Archetyp von Mars im Schützen und der Sonne in Konjunktion zu Uranus entspricht. Wenn Katherine nicht die Einsamkeit suchte, so war es Murry, der aus beruflichen Gründen verreisen musste.

In ihrem kurzen Leben lebte sie das Prinzip von Uranus/

Mond/Lilith ausgiebig aus. Der Preis, den sie für ihren Drang nach ständiger Bewegung bezahlen musste, war sehr hoch: Sie zahlte sehr oft mit der Einsamkeit und schließlich sogar mit dem Leben. Unbewusst war es immer ihre eigene Entscheidung, die sie traf. Das Leben hat sie in vollen Zügen genossen.

Luise Rinser, die verbotene Liebe

Luise Rinser ist eine saturnbetonte Persönlichkeit, dies wird in ihrem Horoskop durch die Konjunktion Sonne-Saturn im Stier und dem AC im Steinbock symbolisiert. Mond im Stier spricht für Beständigkeit und Zuverlässigkeit im Gefühlsleben. Sie ist eine Frau, die, wenn sie liebt, dies für immer und mit gleich bleibender Intensität tut. 30 Jahre lang liebte sie mit Leidenschaft und Ergebenheit einen katholischen Mönch. Ihre »verbotene« Liebe wird im Horoskop durch die Opposition von Venus in den Zwillingen zu dem Schwarzen Mond im Schützen im 11. Haus dargestellt. Aber trotz der Saturnbetonung lässt Uranus am AC vermuten, dass es im Leben dieser klugen Frau auch Platz für Dinge gab, die sehr unorthodox waren. Der Geistliche erwiderte ihre Liebe, hielt sie jedoch für unmöglich, da er wegen seines Keuschheitsgelübdes die Beziehung nur geistig und seelisch leben wollte. Luise Rinser schreibt in ihrer Biografie »*Saturn auf der Sonne*«[20], dass M.A. der Mann war, den sie am meistens geliebt hatte, trotz des damit verbundenen schmerzhaften Verzichts*: »Wäre ich weniger liebend, würde ich sagen: Nun ja, er hielt das Zölibat und nahm als schönes Geschenk des Lebens die Liebe einer Frau hinzu, die sein Zölibat nicht ernstlich bedrohte und die keine Verführerin war, sondern eine geistige Gefährtin. Und das Erotisch-Sexuelle? Ich habe nie begehrt, mit ihm zu schlafen. Ich, gelernte Traumdeuterin, hatte in all den Jahrzehnten drei Träume, die sich sexuell deuten lassen. Alles Übrige: Verdrängung? Nein. Bei mir nicht. Meine Liebe war so groß, dass darin*

Abbildung 12: Luise Rinser

alles Sexuelle verbrannte wie dürres Reisig. Ich liebte ihn, das war alles.«[21]

Die beiden Liebenden waren imstande, 30 Jahre lang intensive Gefühle füreinander zu empfinden, die sich aus der Kraft des saturnischen Verzichts ernährte. Die einzige körperliche Intimität bestand in einem langen und leidenschaftlichen Kuss und in den Tränen, die sie gemeinsam weinten. M. A trocknete ihre Tränen mit einem Taschentuch, das Luise Rinser immer aufbewahrt hat und mit dem sie begraben werden möchte. Luise Rinser schreibt in ihrem Buch »Saturn auf der Sonne«: *Seine Liebe war so groß, wie alles an ihm groß war, und seine Briefe waren Liebeserklärungen ohne Vorbehalte, ohne jede Rücksicht, leidenschaftlich, immer trauriger, immer bitterer, auch hart und sogar böse. Hundertmal derselbe Vorwurf: ›Aber Du hast mich doch glauben gemacht, dass du mich liebst.‹ Und hundermal meine Antwort: ›Du hast von Anfang an gewußt ....‹ Und hundertmal mein Versuch zu erklären, dass ›beides leben und lieben‹ nicht heißt: gleichartig. Unsere so schöne, tiefe Freundschaft wurde zu einem großen Leiden. Als ich die Briefe kürzlich, nach vielen Jahren, zum ersten Mal wieder las, wurde ich buchstäblich krank. Wo liegt eine Schuld?«* [22]

Die Liebe, die Luise Rinser für den katholischen Mönch empfunden hat, ist sehr stark durch Lilith/Venus gefärbt. Wenn sich Lilith mit dem Planeten der Liebe verbindet, wird das Verlangen nach dem Absoluten, nach dem Unmöglichen so extrem, dass die Liebe meistens unerfüllt bleibt. In dem Leben des Geborenen wird die Liebe und die Person, die man begehrt, so idealisiert, dass es unmöglich ist, diese Liebe auf irdischer Ebene auszuleben. Diese astrologische Verbindung führt auch zu Beziehungen, die unmöglich auszuleben sind, wie eben die Liebe für eine Person, die man wegen einer höheren Macht, einer Konvention oder eines Verbots nicht bekommen kann (Priester, der eigene Therapeut, Homosexueller). Lilith/Venus-Aspekte symbolisieren das unerschöpfliche Verlangen nach Liebe, nach Lust, nach Freizügigkeit, und gleichzeitig können sie Ablehnung, unerfüllte Sehnsucht, Verzicht, Abstinenz oder Verweigerung hervorrufen. Die verbotene, idealisierte Liebe kann ein Ausdruck von Lilith/Venus-Verbindungen sein.

Der Schwarze Mond in intimen Beziehungen

Composit und Synastrie

Wie bereits erwähnt, beeinflusst uns Lilith mit einer sehr unberechenbaren Energie, die sich von einem Extrem zum anderen manifestieren kann. Es ist schwierig bei Transit-Sextilen und -Trigonen festzustellen, ob sie eine destruktive Auswirkung haben oder ob diese Transite uns aus schwierigen Verstrickungen befreien. Ich habe aus meiner eigenen, privaten Erfahrung und aus den Erfahrungen meiner Klienten festgestellt, dass sich Lilith, sobald sie bestimmte Stellen im Radix oder im Composit aktiviert, jedes Mal anders äußern oder auswirken kann. Manchmal konfrontiert sie uns mit Schattenthemen und lässt uns in Konflikte und Verstrickungen geraten, in anderen Lebensabschnitten unterstützt sie wichtige kreative Prozesse, die zur Loslösung führen. Nehmen wir den Fall einer Beziehung zwischen zwei Menschen, die ich seit vielen Jahren kenne und berate. Bei ihnen habe ich festgestellt, dass ein Lilith-Transit über die Konjunktion von Venus und DC im Composit oder über den aufsteigenden Mondknoten im Composit unterschiedliche Auswirkungen für ihre Freundschaft haben kann. Solche Transite können bei ihrer 20-jährigen Freundschaft Perioden der Entfernung, der Trennung oder Zeiten sein, in denen sie sich wieder begegnen und sich wieder näher kommen.

Die Aspekte und die Platzierung Liliths im Composit-Horoskop können auf unterschiedliche Weise ausgelebt werden. Sie können sehr extreme Charaktereigenschaften und Lebensumstände, die sehr ambivalent und beunruhigend erscheinen, begünstigen.

Wenn Lilith eine Verbindung zum 7. Haus, dessen Herrscher oder zu Venus, Mars und Mond aufweist, beeinflusst sie unmittelbar die Beziehung der beiden Beteiligten sowie ihre Haltung der Liebe und der Sexualität gegenüber. Wenn die intimen Beziehungen von der Energie des Schwarzen Mondes gefärbt sind, können sie sehr dramatische oder turbulente Züge annehmen. Solch eine Beziehung aufrecht zu halten ist, als würden wir auf einem Seil balancieren mit der Gewissheit, dass wir jeden Augenblick in die Tiefe stürzen könnten. Die Liebe und das Verlangen füreinander können so gefährlich wie ein Spiel mit dem Feuer werden. In solchen komplizierten Verbindungen ist es oft das Drama, das zwei Menschen auf Trab hält. Oft sind es fast unauflösbare Verstrickungen, die als Herausforderung empfunden werden. Partner, die in ihrer Synastrie, beim Composit sowie beim Combin von starken Lilith-Aspekten beeinflusst werden, suchen permanent den Kampf, die Rebellion, den Kick, die sie lebendig machen. Meist führt die Aggression, die immer in solchen Partnerschaften gleichzeitig mit Gefühlen der Liebe und der gegenseitigen Faszination empfunden wird, sie wie unter Zwang in Situationen, die sich dramatisch zuspitzen und die Verbindung gefährlich bedrohen. In den intimen Beziehungen können häufig falsche Erwartungen oder Fixierungen unnötiges Leid und ausweglose Unglücksfälle verursachen. Um die Energie des Schwarzen Mondes unter Kontrolle zu halten und in konstruktive Bahnen zu lenken, brauchen beide Partner viel Reife und innere Stärke. Wenn beide Persönlichkeiten noch in alten frühkindlichen Verstrickungen und inneren Traumata gefangen sind, laufen sie Gefahr – wenn die Energie Liliths ausartet –, sich und den Partner unbewusst in einem selber inszeniertes Drama hinabzustürzen.

Das Drama ist ein Thema, das Lilith zugehört, weil sich Menschen mit einer starken Lilith-Betonung im Bezug auf die

Partnerschaft nach intensiven Erfahrungen sehnen, die, wenn Lilith im Aspekt zum Mond steht, zu übertriebener Emotionalität führen. Wenn das Horoskop gleichzeitig eine Skorpion- oder Plutofärbung aufweist, können solche Affekte ausarten und ein zerstörerisches Melodrama inszenieren. Künstler können dieses Melodrama jedoch in ihrer kreativen Arbeit ausleben. Diese Arbeit kann als Ventil für explosive Emotionen dienen, die dann im wahren Leben nicht mehr ausgedrückt werden müssen. Giuseppe Di Stefano war der Tenor von Maria Callas. In den 50er- und 60er-Jahren waren sie das berühmteste Paar der Opernbühne der ganzen Welt. Es gibt noch zahlreiche Aufnahmen, die an ihre gemeinsame Arbeit erinnern. Ihre beiden dramatischen Temperamente harmonisierten ausgezeichnet auf der Bühne. Leidenschaft, Spannung und Erotik fließen aus den Schallplatten heraus, in denen sie gemeinsam gewirkt haben, und erzeugen noch heute mächtige Emotionen bei Opernliebhabern. Sie auf der Bühne zu erleben war für die Opernfans von damals ein unvergessliches und einzigartiges Ereignis. Das Composithoroskop des berühmten Paares ist bezeichnend für ihr gemeinsames Können und spiegelt, was auf der Bühne geschah, wider. Wo sollte Lilith in diesem Horoskop platziert sein, wenn nicht im 5. Haus, dem Haus des Theaters und des kreativen Ausdrucks. Lilith steht in Konjunktion zu Venus und betont die erotische und leidenschaftliche Energie, die bei ihren gemeinsamen Auftritten hervortrat und sie dadurch in der Erinnerung ihrer Bewunderer unsterblich machte. Eine Zeit lang waren sie ein Liebespaar. Di Stefano war zu dem Zeitpunkt, als er mit seiner Kollegin ein Verhältnis einging, noch verheiratet.

Ein weiteres berühmtes und kreatives Paar der italienischen Glamourwelt sind die Modeschöpfer Stefano Gabbana und Domenico Dolce. Ihre Liebesbeziehung begann vor ca. 20 Jahren. 1985 gründeten sie ihre Modefirma Dolce und Gabbana mit 10.000 Dollar und viel Inspiration, heute setzen sie mit ihren Kreationen jährlich 300 Millionen Dollar um. Das Compo-

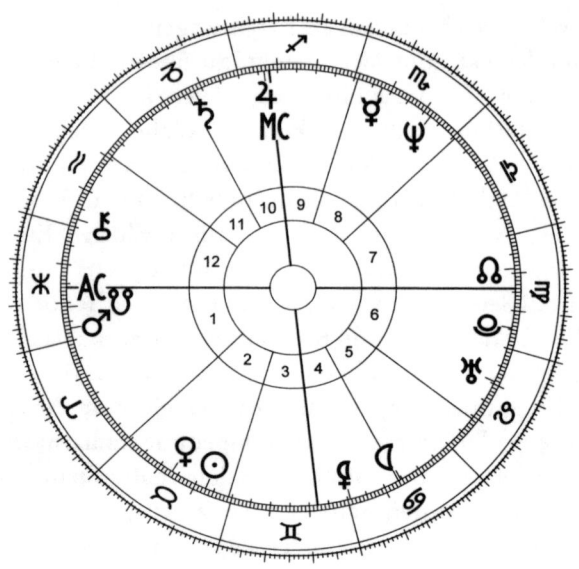

Abbildung 13: Composit Gabbana und Dolce

sithoroskop wird vom dominanten Jupiter am MC charakterisiert. Dieser Planet in seiner Stellung am MC ist das Markenzeichen für ihren Erfolg. Die Sonne/Venus-Konjuktion im 2. Haus und Pluto im 6. Haus zeigen die Fähigkeit der beiden Lebenspartner, alles in Gold zu verwandeln, was sie entwerfen. Lilith im 4.Haus, aber im Trigon zu Neptun im 8. Haus und zu Chiron im 12. Haus symbolisiert die starke Inspiration, die aus ihrem gemeinsamen Wirken und aus ihrem Zusammenleben entspringt. Beide erzählten in einem Interview im *Stern 3/2002*, dass es sich bei ihnen beiden um zwei absolute Gegensätze handelt, und das nicht nur in der Astrologie. Wassermann Gabbana und Löwe Dolce stehen neben dem geografischen Gegensatz: Domenico ist Sizilianer und Stefano ist Mailänder. Dies sorgt schon für existenzielle Konflikte. Dieser Nord/Süd-Gegensatz führt zu ewigen Dramen in ihrem Zusammenleben (Lilith im

4. Haus im Quadrat zu Mars). Dazu kommt, dass Gabbana vom Charakter her sehr eifersüchtig ist (Lilith-Pluto im 5. Radix-Haus, während Dolce gerne lockerer mit Treue umgehen würde (Lilith Trigon Sonne).

Sie kämpfen viel miteinander, aber gerade aus diesen vielen Meinungsverschiedenheiten entsteht ihre Mode. Aus der Reibung von Lilith-Mars wachsen die Inspiration und die Schöpferkraft von Lilith-Neptun im Composit.

Lilith im Aspekt zu den Planeten in den Partnerschaftshoroskopen

Eine ausgezeichnete und witzige Interpretation des Mythos von Adam und Lilith wird in dem Buch von Pamela Ball »Erotische Träume« wiedergegeben:[23]

>*Am Anfang gab es Adam und seine Frau – ihr Name war Lilith. Lilith war eine launische junge Frau, die nicht immer tat, was man ihr sagte. Sie war sehr empfindsam und mochte es gar nicht, wenn Adam etwas Besseres vorhatte. Sie wurde dann sehr destruktiv, bis es so weit kam, dass Adam mit ihr nicht mehr fertig wurde und nur noch seinen Frieden und Ruhe wollte. Er wollte nur Zeit für lange philosophische Gespräche mit seinem Freund Gott haben. Lilith ärgerte sich darüber, denn sie schien ohnedies bereits alles zu wissen, worüber beide sprachen. Adam fühlte sich manchmal einsam und sehnte sich nach etwas Fürsorge, doch Lilith war das Warten langweilig geworden, und sie war hinunter zum See gegangen, um dort etwas für sich zu tun: Sie machte Dämonen, ganz allein für sich! Dann machte Gott Adam eine neue Frau, weil er einsam war. Ihr Name war Eva. Das Problem war nur, dass sie wollte, dass er etwas tat, wovon er wusste, dass er es nicht tun sollte; wieder ging alles schief. Vielleicht hätte er besser bei Lilith bleiben sollen.«*

Lilith führt in der Partnerbeziehung zu viele Machtkämpfe. Wie im Mythos finden die beiden Partner oft keine gemeinsamen Berührungspunkte. Einer der Partner klagt oft darüber, dass er von dem anderen keine echte Fürsorge und kein Mitgefühl erfährt. Er fühlt sich einsam und verlassen, während der andere sich langweilt und gern etwas Anregenderes und weniger Gewöhnliches ausleben würde, als sich in einer Partnerschaft einzufügen, die zu einengend ist und in der von ihm erwartet wird, fürsorglich wie eine Mutter zu sein. Es ist die Aufgabe des Mondes, andere mit seelischer Nahrung zu versorgen; bei Lilith fehlt diese Fähigkeit. Im Mythos hatte Lilith keine Milch in ihren Brüsten. Deswegen ist dieser Faktor auch in der Astrologie und in der Psychologie nicht mit der Funktion des Ernährens und der Fürsorge verbunden.

Der Partner, der im Radix stärker von Lilith beeinflusst wird, kann sich sehr launisch und unberechenbar verhalten. Was er gestern mit Begeisterung getan hat, lässt ihn heute kalt. Wichtig für ihn ist, dass er sich nicht in einer Rolle und in bestimmten Verhaltensweisen einfügen muss.

Ähnlich ist es auch in der Synastrie, wenn die Lilith des einen Horoskopeigners den Mond des anderen aspektiert. In meiner Jugend beklagte sich meine Freundin Ada, dass ihr Freund Tommaso nicht da war, als sie ihn brauchte. Tommaso dagegen beklagte sich oft bei mir, dass er sich auf Ada nicht verlassen könne, weil sie so unberechenbar, launisch und oft nicht vorhanden sei, wenn er sie brauche. Vier Jahre lang lebten sie eine Beziehung, die von einem wiederholenden Muster geprägt war. Jedes Mal, wenn einer von ihnen ernste Absichten hatte oder sich in einer Situation befand, in der die Anwesenheit des anderen wichtig war, verschwand die andere Person und meldete sich erst Monate später wieder. Die Lilith von Ada im Steinbock steht in Konjunktion zu Tommasos Mond, seine Lilith hingegen befindet sich im Sextil zu ihrem Mond im Skorpion. Diese Aspekte scheinen in der Psyche der betroffenen Personen Urängste auszulösen: Ängste, in der Beziehung in einen Kampf verwickelt zu werden, der mühsam und erschöpfend ist und auch Tiefschläge nicht ausschließt. Deshalb versuchen sie, sich nicht mehr als unbedingt nötig zu engagieren.

Da der Schwarze Mond mit dem Prinzip des Mangels und der unerfüllten Wünsche zusammenhängt, wird oft in der Partnerschaft versucht, diesen Mangel durch einen Partner zu kompensieren. Wie Philippe Grangier in seinem Buch über den Schwarzen Mond schreibt, ist es überflüssig, in uns das Gefühl der Ganzheit zu erreichen, denn wir wenden uns dem anderen (einer anderen Person) mit der Hoffnung zu, er möge unseren Mangel kompensieren. Aber oft sind dieser Mangel und die daraus entstandene Leere eine Quelle des Schmerzes. Wenn unser Schwarzer Mond im Aspekt zu Planeten des Partners steht, versuchen wir durch die Eigenschaften dieser Planeten, die Leere in uns zu füllen. Ohne Erfolg.

Lilith-Aspekte zu Sonne, Mond, Merkur, Venus und Mars im Composit

Nachdem bereits die Beziehungen zwischen Mond und Lilith gedeutet wurden, sollen nun die Verbindungen des Schwarzen Mondes zu den anderen Planeten beschrieben werden.

Es kann vorkommen, dass Partner, in deren Partnerschaftshoroskop es einen Aspekt des Schwarzen Mondes zur Sonne gibt, permanent den Kampf oder die Herausforderung suchen. Nicht um etwas an der Beziehung zu verbessern, sondern einfach um des Kampfes willen. Sie verhalten sich rebellisch oder kämpferisch, um sich nicht aus einer wirklichen Enge in der Beziehung zu befreien, sondern um dem Partner zu beweisen, dass er überhaupt keinerlei Ansprüche auf sie hat. Dies kann bis zur Treulosigkeit oder verräterischem Verhalten gehen. Aber ein Aspekt zwischen den beiden Prinzipien (in der Synastrie oder im Composit bzw. im Combin) kann auch beide Partner anspornen, die kreative Energie der Sonne/Lilith-Verbindung auszuleben. Dies kann in gemeinsamer schöpferischer Arbeit oder auch in der Bewältigung des Lebens erreicht werden. Wenn beide Partner z.B. gemeinsam viel Mut aufbringen müssen, um eine partnerschaftliche oder existenzielle Krise durchzustehen, kann die Energie des Schwarzen Mondes in Verbindung mit anderen Aspekten, wie z.B. fließenden Aspekten von Mars, Pluto und Uranus zu den persönlichen Planeten des Partnerschaftshoroskops, eine gute Arbeit leisten. Wenn die beiden Personen, die an der Beziehung beteiligt sind, reife und erfahrene Individuen sind, können sie die Energie Liliths in eine positive Richtung lenken; wichtig ist dabei, nicht in sinnlosen Ego-Konflikten zu verharren. Unter einer positiven Verwendung von Lilith verstehe ich, dass zwei Personen, die miteinander leben oder befreundet sind, die Kraft finden müssen, sich kämpferisch für ihr individuelles Leben und für ihre gemeinsame Beziehung einzusetzen, sobald etwas von innen oder von außen ihre Verbindung bedroht. Sie müssen sich über die Stärken und Schwächen ihrer Bindung bewusst werden und die Verantwortung für sich selbst als einzige Individuen übernehmen und dürfen nicht erwarten, dass der andere alles kompensieren kann. Eine weitere Voraussetzung für den positiven Umgang mit dem Schwarzen Mond wäre, sich immer genügend Freiraum zu gewähren, um die eigene Selbstständigkeit zu genießen.

In einigen Fällen habe ich beobachtet, dass die Personen mit Lilith im Aspekt zu Merkur eine Art haben miteinander zu kommunizieren, die außer ihnen keiner versteht. Kein Mithörender begreift worum es geht, wenn dieses Paar miteinander spricht oder auf eine andere Art kommuniziert (Blicke, Gesten, Berührungen). Lilith/Merkur-Partner verstehen sich auf einer instinktiven Ebene, sie brauchen oft nicht viel zu sagen, um sich mit den anderen zu verständigen. Häufig ist das Schweigen, wenn es nicht als Strafe eingesetzt wird, vielsagender als viele Worte. Lilith/Merkur-Aspekte können auch – wenn sie durch andere Aspekte bestärkt werden – fehlende Übereinstimmung und Verständigungsschwierigkeiten begünstigen. Noch eine Auswirkung von Lilith/Merkur-Verbindungen in Beziehungshoroskopen ist die Tendenz, den anderen verbal zu verletzen oder sich mit einem tödlichen Schweigen zu verweigern.

Lilith/Venus-Aspekte erzeugen eine starke sexuelle Anziehung, was sich aber nicht auf gleichgeschlechtliche Partner beschränkt. Auch sexuelle Komplikationen oder Turbulenzen im intimen Bereich sowie Machtspielchen sind nicht ausgeschlossen. Die sexuelle Leidenschaft kann stärker oder wichtiger sein als das gefühlvolle Engagement und kann sich nur auf die Befriedigung der Sinne richten. Ob beide Partner sich dem anderen hingeben können oder sich weigern, mit ihm intim zu werden, hängt von den anderen Aspekten in der Synastrie oder dem Composit-Horoskop ab. Gefühlsmäßige Verweigerung führt hier zu fehlendem Engagement in der Beziehung oder zu Frigidität, Impotenz oder sogar Grausamkeit und Machtausübung durch Liebesentzug. Wenn die Partner jedoch auf sexueller Ebene imstande sind, sich mit Freude einzulassen, kennen ihre Liebesspiele keine Hemmungen. Hier hat Lilith freie Hand, und viel Spaß und Befriedigung der Sinne sind die Belohnung für gegenseitiges Vertrauen und Offenheit. Aber diese letzte Auswirkung betrifft auch andere Aspekte (Trigone und Sextile oder Konjunktionen) von Venus zu Mond, Jupiter, Mars und Uranus.

Die Aspekte zwischen Mars und Lilith sind sehr energiegeladen, und auch bei solchen Winkeln ist es schwierig festzustellen, ohne zuerst mit den Klienten gesprochen zu haben, ob die Energie ausartet und Kämpfe, Konflikte und Unterdrückung verursacht oder ob sie, wie bei den Lilith/Sonne-Aspekten, zu großem Einsatz bei gemeinsamen Unternehmungen und Krisenbewältigungen kommt.

Beide Prinzipien stehen für Sexualität. Deswegen ist auch bei Mars/Lilith-Aspekten mit einer großen Anziehung zu rechnen. Macht und Ohnmacht-Themen nehmen bei diesen Aspekten viel Raum ein. Menschen, die sich verlieben und diese Aspekte im Partnerschaftshoroskop haben, stürzen sich Hals über Kopf in ihre Beziehung, aber es wird nicht lange dauern, bis erste Komplikationen kommen: Kritik, Demütigung und Machtmissbrauch können auftreten, wenn sich die düstere Lilith mit dem Kriegsgott verbindet.

Die Aspekte der Planeten ab Jupiter müssen immer im Zusammenhang mit Venus, Mars, Mond, Sonne und deren Winkel in der Synastrie oder im Composit betrachtet werden: z.B. der Jupiter des Mannes im Trigon zur Venus/Lilith-Konjunktion der Frau (oder die Verbindung von diesen drei Planeten kann als Composit-Aspekt vorkommen). In der Beziehung herrscht unersättliche Erotik und sexuelle Überaktivität. Saturn zur Lilith-Venus kann unterdrückte Erotik symbolisieren. Bei Uranus/Lilith/Venus-Aspekten spricht man von unkontrollierter Erotik. Bei Neptun/Venus/Lilith-Aspekten übernimmt die Fantasie die Hauptrolle in der Erotik, während die beiden Personen bei Lilith/Pluto/Venus eine tabulose Erotik erleben.

Wenn wir über Erotik sprechen, können wir weitere Assoziationen wagen: Lilith-Sonne: heftige Erotik; Lilith-Merkur: Erotik als Gedankenspiel; Lilith-Venus: erotische Neugier; Lilith-Mars: aggressive Erotik.

Lilith in den Composithäusern

Da die Auswirkungen des Schwarzen Mondes immer im Zusammenhang mit anderen Faktoren im Horoskop untersucht werden müssen, ist die Beschreibung der einzelnen Hausstellungen und Planetenverbindungen kurz gefasst. Die ausführliche Beschreibung der vielen Fälle aus eigener Praxis und aus dem Leben bekannter Persönlichkeiten soll die Deutung von Lilith in Partnerschaftshoroskopen verdeutlichen und verständlich machen.

Lilith im 1. Haus: In diesem Haus erfahren wir, wie die Beziehung zwischen den betroffenen Personen von der Außenwelt empfunden und betrachtet wird und wie diese zwei Menschen sich selbst als Paar definieren und zum Ausdruck bringen, aber auch die Art, wie sie als Paar angesehen werden möchten, ist in diesem Bereich erkennbar. Mit Lilith im 1. Composithaus können diese Leute in den anderen das Gefühl erzeugen, dass sie eine starke energetische Bindung zueinander haben. Diese Energie jedoch strahlt etwas Disharmonisches und Beunruhigendes aus. Die anderen erleben sie als ein Paar, das ständig in Konkurrenz zueinander steht: Sagt der eine weiß, antwortet der andere schwarz, nur aus der Freude am Widersprechen. Sie sind das klassische Paar, das bei einem Fest zu streiten beginnt und alle in Verlegenheit bringt. Ihr Kampf ist oft so verbittert, weil er meistens auf gegenseitigen Projektionen basiert. Die Beziehung von diesen Projektionen zu befreien und die eigene Schattenthematik zu integrieren, ist die Aufgabe, die Lilith uns aus diesem Composit-Bereich stellt.

Lilith im 2. Haus: In diesem Haus ist das gemeinsame Potenzial an Talenten und Ressourcen erkennbar, das das Paar im Laufe der Partnerschaft entwickeln und ausleben kann. In diesem Composit-Haus erkennen wir auch den Wert, den zwei Menschen ihrer Beziehung beimessen. Das ist auch das Haus des gemeinsamen materiellen Besitzes und zeigt, wie die Partner mit materiellen Angelegenheiten umgehen. Wenn sich Lilith im 2. Composit-Haus befindet, spielt die Verknüpfung von Liebe und Geld in der Partnerschaft eine Rolle. Der Partner, der über mehr finanzielle Mittel verfügt, kann Macht auf den anderen ausüben und versuchen, die Zuwendung des anderen zu kaufen oder eine starke Kontrolle über das Leben des Partners zu gewinnen oder ihn zu erpressen: »Ich bin derjenige, der deinen Luxus finanziert …« Lilith verfügt in diesem Haus auch über die Macht, beide Partner anzuspornen und die eigenen Talente und kreativen Potenziale gemeinsam auszudrücken. Diese Platzierung ist ausgezeichnet für das Zusammenschaffen von Personen, die künstlerisch veranlagt sind. Eine Partnerschaft zwischen zwei Künstlern ist von dieser Stellung des Schwarzen Mondes begünstigt, auch wenn natürlich das Ganze nicht frei von Rivalität verlaufen kann. Lilith ist kein bequemes Prinzip, ihre Energie bewirkt Konflikte öfter als uns lieb ist.

Lilith im 3. Haus: Die Kommunikation innerhalb der Partnerschaft wird durch dieses Haus symbolisiert. Hier wird offenbar, auf welche Weise sich die betreffenden Personen als Paar in ihrer unmittelbaren Umwelt (Nachbarschaft) zum Ausdruck bringen. Lilith im 3. Haus kann u.a. bedeuten, dass dieses Paar in ständigem Kampf und Konflikt mit der Nachbarschaft steht. Sie werden in dem Umfeld, in dem sie leben, vielleicht aus verschiedenen Gründen nicht akzeptiert. Entweder unterscheidet sich ihre Lebensweise sehr vom Lebensstil der Nachbarn, oder sie kommen aus einem anderen Kulturkreis, oder sie verhalten sich »eigenartig«. Auf jeden Fall passen sie nicht in ihre Umgebung, und dies erzeugt Schwierigkeiten, Ablehnung oder Verachtung.

Mit Lilith im 3. Composit-Haus ist oft die Kommunikation zwischen den Partnern schwierig, zum Teil explosiv. Mangel an gegenseitigem Verständnis oder gegenseitige Verweigerung, den anderen zu verstehen, sind Auswirkungen Liliths in diesem Bereich. Es ist nicht selten der Fall, dass die Betroffene das Schweigen als Waffe gegen den Lebensgefährten einsetzt.

Die Aufgabe bei Lilith im 3. Composit-Haus ist zu lernen, dass die Sprache nicht als Machtmittel oder als Dolch zu missbrauchen ist, um andere zu verletzen. Die Herausforderung ist die zwischenmenschliche Kommunikation, die offen und ehrlich sein muss, weil sie keine Lüge duldet.

Lilith im 4. Haus: Dieses Haus ist das Fundament der Beziehung, aber es symbolisiert auch das Ende der Partnerschaft. Transite und Radix-Platzierungen in diesem Haus können uns offenbaren, warum und auf welche Weise die Beziehung beendet wird. Mit Lilith im 4. Haus gleicht die Trennung einem Krieg. Erinnern Sie sich noch an den Film »Der Rosenkrieg«? Wenn einer der Partner die Rolle der Lilith (egal ob es sich dabei um den Mann oder die Frau handelt) übernimmt, werden alle Mittel, die ihm/ihr zur Verfügung stehen, eingesetzt, um den anderen fertig zu machen. Seine/ihre Kriegsrüstung sind geistige Klarheit, Verschlagenheit, perfekte Beherrschung der Emotionen und Nerven aus Eisen, eine magische Intuition, und wenn es nicht reicht, kann er/sie mit sadistischer Befriedigung den anderen quälen. Alles wird verstärkt zum Ausdruck kommen, wenn sich Lilith im Aspekt zu Mars oder zu Planeten im Skorpion befindet.

Hier werfen alte Verstrickungen aus der Kindheit der Betreffenden dunkle Schatten auf ihre Beziehung. Es ist nicht selten der Fall, dass die beteiligten Personen ähnliche Erfahrungen in ihrer Kindheit erlebt haben, die schließlich zu emotionalen Blockaden im Erwachsenenalter führten. In der Psyche der beiden Partner sind Ängste verborgen, die eine innige Hingabe an die Partnerschaft oder an den Partner verhindern. Da sie oft zu wenig Zuwendung, viel Druck oder Verachtung von einem der Eltern oder von beiden erlebt haben, haben sie Schwierigkeiten, sich völlig dem Partner zu öffnen und ihm zu vertrauen. Sie tragen oft das Bild der schrecklichen Mutter oder des abweisenden und emotionsarmen Vaters in sich und übertragen es auf den Menschen, den sie lieben. Schon bevor sie sich auf eine Beziehung einlassen, hegen sie die negative Erwartung, dass die geliebte Person ihnen auf emotionaler Ebene viel Schmerz verursachen wird, und scheuen deswegen den Weg, der es ihnen ermöglicht, miteinander zu leben. Horoskopeigner mit Lilith im 4. Haus des Composithoroskopes sind wie magisch voneinander angezogen, weil sie eine schwierige Aufgabe gemeinsam zu lösen haben, und versuchen sich deswegen unbewusst von den Verstrickungen und den Projektionen der Vergangenheit zu lösen, damit sie das Fundament für eine Partnerschaft legen können, die frei von alten Konditionierungen und Ängsten ist. Die Lösung soll zuerst bei der Arbeit an sich selbst gefunden werden, noch bevor die gemeinsame Verbindung von den alten Schmerzen geheilt werden kann. Es kostet viel Mühe und Zeiten des Getrenntseins, bevor sie sich wieder für den gemeinsamen Aufbau der Beziehung zusammenfinden werden. Nur dann werden sie für das wirkliche Zusammenleben bereit sein.

Lilith im 4. Haus ist des Öfteren im Composithoroskop von Menschen zu finden, die eine Partnerschaft zueinander pflegen, jedoch in getrennten Wohnungen wohnen, weil jeder viel Raum für sich benötigt, ohne aber auf die Beziehung zueinander verzichten zu wollen. Besonders wenn Lilith in ihren Radix-Horoskopen Aspekte zu den persönlichen Planeten oder zu der AC/DC-Achse bildet, ist das Bedürfnis ausgeprägt, häufig für sich allein zu sein, ohne sich gezwungen zu fühlen, sich um den anderen bemühen zu müssen.

Lilith im 5. Haus: Die sexuelle Anziehung spielt eine bedeutende Rolle bei der Begegnung zwischen zwei Menschen, die Lilith in dieser Platzierung im Composit haben. Lilith im Bezug zu Venus, Mars, Sonne, Mond, 8. Haus, 5. Haus und 7. Haus des Composits ist ein Hinweis dafür, dass eine mächtige sexuelle Komponente in der Beziehung vorherrscht. Es ist nicht selten der Fall, dass die erotische Bindung überhaupt die stärkste Thematik in dieser Partnerschaft ist. Die Faszination füreinander wird nie richtig erlöschen, auch wenn diese zwei Personen schon längst den eigenen Weg gegangen sind und sie sich getrennt haben. Oft gehen sie aufgrund unterschiedlicher Lebensweisen oder Konflikte auseinander, die die Beziehung unmöglich machten, und trotzdem besteht die Liebe zwischen ihnen mit der gleichen Intensität weiter wie immer, auch wenn eine feste Beziehung unmöglich ist. Eine wilde Leidenschaft, die wie eine Sucht das Leben der beteiligten Personen zur Hölle und zum Himmel auf Erden macht, ist mit Lilith im 5. Haus keine Seltenheit.

Wenn einer der Partner in der Vergangenheit traumatische Erfahrungen im Bereich der Sexualität erlebt hat, kann Lilith im Composit im 5. Haus zur Ablehnung der Intimität führen; einer der Partner wird ständig die Erfahrung machen, abgewiesen und auf Distanz gehalten zu werden.

Eine weitere Manifestation dieser Stellung des Schwarzen Mondes ist, dass jemand aus der Vergangenheit eines der beiden Horoskopeigner noch eine große erotische Macht in dessen Psyche ausübt und es viel Energie kostet, die Gefühle für den alten Geliebten oder für die alte Freundin zu bändigen. In diesem Fall kann in der Beziehung zu dem aktuellen Partnern/Partnerin Aufrichtigkeit und echte Hingabe fehlen. Dieses Composithoroskop könnte auch zu einem Paar passen, das eine komplizierte Beziehung zueinander hat, weil einer der betreffenden Personen bereits gebunden ist und aufgrund familiärer oder gesundheitlicher Gründe den Ehepartner nicht verlassen darf.

Kinder sind ebenfalls eine Thematik des 5. Hauses, und wenn Lilith hier platziert ist, ist dieses Thema nicht ohne Dornen.

So können sich Kinder früherer Beziehungen als Hindernis für den glücklichen Verlauf der Partnerschaft erweisen. Es wäre möglich, dass einer der beiden Partner wegen eigener Kinder gebunden ist und deshalb die neue Partnerschaft nicht richtig ausleben kann. Ich kenne einen Fall aus meinem Bekanntenkreis, der mich in meiner Jugend sehr beschäftigte. Ein älterer Herr hatte nach langen Jahren der Witwerschaft eine entzückende Dame seines Alters kennen gelernt. Er wollte sie heiraten und mit ihr die letzten Jahre seines Lebens auf der schönen Insel Elba oder an einem schönen Platz in der Toskana verbringen. Da der Vater wohlhabend war, hatten die Kinder aus Habgier die neue Beziehung mit allen Mitteln verhindert und schließlich zerstört. Durch die Begegnung mit dieser Dame erlebte der alte Herr einen zweiten Frühling. Er fühlte sich wie neugeboren, und als er sich wegen seiner Kinder von ihr trennte, alterte er in kürzester Zeit. Er wurde krank und starb drei Jahre später.

Auch das Thema »gemeinsame Kinder« wird oft von Problemen überschattet. Häufig taucht diese Platzierung Liliths bei Beziehungen auf, in denen einer der Partner sich ein Kind von ganzem Herzen wünscht, der andere aber nicht bereit ist, sich für die Beziehung richtig zu entscheiden und ein Kind in die Welt zu setzen. In manchen Fällen haben sich die Partner aus diesem Grund getrennt.

In manchen Partnerschaften ist der Wunsch auf Nachwuchs nicht in Erfüllung gegangen (Sterilität, Fehlgeburten usw.). Die Fruchtbarkeit ist bei der Position von Lilith im 5. Haus nicht begünstigt.

Bei anderen wiederum ist die Empfängnis mühsam gewesen. Bei einem Paar klappte es mit der Schwangerschaft erst nach drei missglückten Versuchen durch künstliche Befruchtung.

Auch bei Paaren, die sich bewusst gegen Kinder entschieden haben, hat Lilith im 5. Haus ihren Platz. Ich hatte einige Menschen in meiner Praxis, die sich aufgrund einer Abtreibung getrennt haben. Die Erfahrung war für die Frau meistens so traumatisch, dass sie mit diesem seelischen Schmerz nicht mehr fertig wurde, sodass die Beziehung nach der Abtreibung nicht mehr wie früher funktionierte. Etwas ging dabei für immer kaputt.

Lilith im 5. Haus wirkt jedoch sehr positiv in einer Partnerschaft zwischen zwei Personen, die künstlerisch tätig sind, besonders dann, wenn einer von ihnen als Muse dient.

Lilith im 6. Haus: Mit Lilith in diesem Bereich kann der Austausch zwischen Geben und Nehmen ins Ungleichgewicht geraten. Es kann vorkommen, dass ein Partner fähig ist, Unterstützung und Hilfe zu gewährleisten, während der andere dies erwartet, aber selbst nicht in der Lage ist, diese zurückzugeben.

In manchen Partnerschaften fehlen das gegenseitige Verständnis und auch die gegenseitige Toleranz für die täglichen Gewohnheiten des Partners. Der Streit um die Zahnpastatube kann beispielsweise zum alltäglichen Ritual werden.

Auch um die Aufteilung der täglichen Pflichten im Haushalt herrschen Streit und lange Diskussionen darüber, wer welche Aufgaben zu erfüllen hat, was beide richtig entkräftet. Das tägliche Einerlei und Belange des Partners können einem regelrecht auf die Nerven gehen und viel Ärger verursachen.

Falls einer von beiden das Leben einer Hausfrau oder eines Hausmannes führt, kann er ständig im Frust durch die Wohnung nörgeln und den anderen Familienmitgliedern mit seiner schlechten Laune das Leben erschweren. Auch der Beruf kann den Lebensimpuls bei einem Paar richtig unterdrücken, und wegen zu viel Stress bleibt für die gemeinsame Partnerschaft keine Zeit.

Falls sie gemeinsam arbeiten, kann das Klima bei der Arbeit so explosiv und spannungsgeladen sein, dass selbst in der Freizeit die unterschwellige gegenseitige Aggression die Stimmung zwischen ihnen beeinträchtigt.

Da das 6. Haus der Gesundheit zugeordnet ist, ist es

manchmal der Fall, dass einer der beiden gesundheitliche Probleme hat und die ständige Pflege des anderen benötigt. Die pflegende Person kann jedoch diese tägliche Pflicht als sehr belastend empfinden und sich nach Freiheit und Erlösung sehnen.

Das Leben einer Klientin änderte sich radikal nach dem Tode ihres Mannes, den sie 20 Jahre lang gepflegt hatte. Sie zog um, fing an zu arbeiten, nahm wieder ihren Mädchennamen an und änderte ihr Aussehen. Sie begann wieder zu verreisen und genoss das Leben in vollen Zügen.

Lilith im 7. Haus: Da Adam und Lilith nicht in Frieden miteinander leben konnten, ist das 7. Haus mit dieser Lilith-Stellung kein Ort der Ruhe und der Harmonie.

Diese Position des Schwarzen Mondes führt zum Kampf der Geschlechter. Einer der Partner sucht in der Beziehung mehr Verständnis für seine Individualität und mehr Autonomie. Beide Personen, oder mindestens einer von ihnen, dulden keine Fremdbestimmung und Einmischung vonseiten des Partners und reagiert sehr heftig auf jeden Einschränkungsversuch des anderen. Diese Stellung des Schwarzen Mondes fordert eine Umgestaltung der Verhältnisse zwischen den Betreffenden. Die eingenommenen Rollen unterliegen einer Wandlung und beide Personen müssen sehr flexibel gegenüber den individuellen Bedürfnissen nach Freiheit und Selbstbestimmung des geliebten Menschen sein. Wenn nach jeder Krise kein Umbruch akzeptiert und der Druck auf den Partner verstärkt wird und wenn der Partner nicht so akzeptiert werden kann, wie es seiner Natur entsprechend ist, dann führt Lilith im 7. Haus früher oder später zum Abbruch der Beziehung. Die Ablösung wird nicht einfach verlaufen. Das Ende der Beziehung könnte der Anfang eines erbarmungslosen Krieges werden wie zwischen Michael Douglas und Kathleen Turner in dem bereits zitierten Film »Der Rosenkrieg«.

Lilith übernimmt gern die Rolle der Geliebten und ist kein Prinzip der ewigen Treue, weshalb es oft vorkommt, dass in einer Partnerschaft mit Lilith im 7. Haus neben dem Partner auch eine andere Person ins Spiel kommt, die versuchen wird, die Beziehung zwischen den Horoskopeignern zu zerstören. Mit Lilith im 7. Haus ist die Sehnsucht nach einem idealen Partner sehr stark. Oft erkennt man, nachdem man sich für eine Beziehung entschieden hat, dass die Person, mit der man das Leben teilt, nicht der ideale Partner ist. Diese Enttäuschung kann als Anlass genommen werden, um die Suche nach der Traumprinzessin oder dem Märchenprinzen fortzusetzen.

Eine Klientin verließ ihren Mann, weil sie einen »tollen Mann« bei einer Tanzveranstaltung kennen gelernt hatte. Sie zog mit dem neuen Partner in eine hübsche Wohnung, und drei Monate später musste sie mit Bedauern feststellen, dass der neue Mann leider kein Traumpartner war. Der Märchenprinz hatte sich in ihren Augen schon sehr bald in einen Frosch verwandelt. Im Composithoroskop der neuen Partnerschaft war Lilith im 7. Haus platziert.

Lilith im 8. Haus: Wenn die Partner gemeinsames Geld verwalten, kann es zu unangenehmen Auseinandersetzungen kommen. Besonders bei der Scheidung können sich heftige Streitereien wegen Geld oder gemeinsamer Besitztümer ereignen. Es kommt oft vor, dass beide Partner an den gleichen Dingen hängen und keiner sie dem Partner überlassen möchte. Ich habe schon oft erlebt, dass zwei Personen sich nicht trennen wollten, obwohl ihre Situation kein Zusammenleben mehr erlaubte, weil sie gemeinsam einen Hund oder eine Katze hatten. Sie blieben trotzdem zusammen und machten sich gegenseitig das Leben sehr schwer. Einer der Partner hat oft das Gefühl, dass er/sie es ist, der/die finanziell am schlechtesten abschneiden würde. Oft werden Auseinandersetzungen wegen Geld oder Besitz nur als Vorwand benutzt, um den Partner nicht richtig loszulassen. Die Partner können oftmals nicht voneinander loskommen, weil sie das Gefühl haben, ohne den anderen nicht leben zu können, auch wenn das Ausleben der Beziehung schmerzhaft und fast unmöglich ist.

Eine Partnerschaft, die von dem Schwarzen Mond im 8. Haus beeinflusst wird, erlebt häufig Krisen, Umbrüche, Wendepunkte und transformative Prozesse. Es hängt von der Reife der beiden ab, ob aus einer Krise ein transformativer Prozess entsteht, der die Beziehung heilt und sich weiterentwickeln lässt, oder ob ihre Partnerschaft eine tiefe Krise nicht übersteht. Transite auf Lilith im 8. Haus sind Vorboten von Krisenzeiten und wichtige Wendepunkte in der Beziehung.

Die Anziehung zwischen Menschen, die Lilith im Composit in diesem Bereich haben, ist mächtig und wird überwältigende Gefühle hervorrufen. Leidenschaft, aber oft auch emotionale Verweigerung kennzeichnen diese Verbindung. Die betreffenden Personen sind leidenschaftlich verbunden, weigern sich jedoch, sich emotional völlig hinzugeben, aus Angst, dem anderen ganz ausgeliefert zu sein. Mit dieser Lilith-Position wird die Liebe nicht ohne Vorbehalte ausgelebt, weil die Gefühle, die damit verbunden sind, nicht immer positiv sind und die Betroffenen davor Angst haben. Eifersucht, Besitzansprüche und unbewusste Wut oder Neid dem anderen gegenüber gefährden immer wieder die Stabilität der Partnerschaft. Die Verweigerung auf emotionaler Ebene wird durch das Ablehnen der Sexualität und der Intimität ausgedrückt.

Lilith im 9. Haus: Mit dieser Stellung von Lilith hegen die Partner sehr gegensätzliche Ansichten, Überzeugungen und Glauben, besonders wenn diese beiden Personen von zwei verschiedenen Ländern stammen, in denen eine andere Mentalität herrscht. Aber diese Position könnte auch zwei Personen zusammenführen, die aus einem unterschiedlichen Kulturkreis kommen, weil genau diese Unterschiede sehr anziehend wirkten. Nicht selten führt auch ein ausgeprägter Unterschied im Bildungsniveau zu Konflikten oder zur Trennung. Der Partner, der gebildeter ist, kann mit seinem Verhalten oder seiner Überheblichkeit den anderen nicht nur in der Intimität, sondern auch in der Gegenwart anderer demütigen.

Nicht immer hat Lilith in diesem Bereich schwierige Auswirkungen. Dieser Faktor kann auch sehr belebend sein, z.B. wenn es um gemeinsame Reisen und Exkursionen geht oder wenn das Paar eine bestimmte Ansicht, eine Überzeugung oder einen Glauben gegen den Rest der Welt verteidigt.

Das 9. Haus ist der Bereich der Reisen und der Ferne. Die zwei Liebenden brauchen, um ihre Beziehung immer lebendig und spannend zu halten, Tapetenwechsel, deswegen gestatten sie sich so oft wie möglich eine Reise in ferne Länder.

Eine Klientin von mir, die wie ihr Mann Anthropologin ist, lebt mit ihm wegen ihrer gemeinsamen Arbeit den größten Teil des Jahres in den entferntesten Ecken der Welt. Aus Begeisterung für ihre gemeinsame Arbeit lassen sie sich nicht von den oft schlechten Bedingungen, die sie während ihrer Arbeitsreise dulden müssen, abschrecken. Ihre Partnerschaft wird durch ihre Zusammenarbeit sehr belebt und bereichert.

Lilith im 10. Haus: Konflikte können mit dieser Stellung von Lilith im Composit entfacht werden, wenn eine der beteiligten Personen ihre Karriere oder ihre persönlichen Ziele für den anderen geopfert hat. Sollte es die Frau sein, die ihrer Familie oder ihrer Partnerschaft zuliebe ihre eigenen Ansprüche zurückgestellt hat, dann können Phasen im Zusammenleben aufkommen, in denen sie dies bereut und versucht, wieder mehr Autonomie zu erlangen.

Oder wenn die Partner auf die Gründung eine Familie verzichtet haben, um ihre Wünsche von einer beruflichen oder gesellschaftlichen Verwirklichung zu erfüllen. Es kann sein, dass die Partner zu einem späteren Zeitpunkt mit Bedauern feststellen werden, dass es kein Zurück mehr gibt, weil ihr Alter oder ihre Verpflichtungen es nicht mehr erlauben, ein Kind in die Welt zu setzen. In diesem Fall können gegenseitige Beschuldigungen die Partnerschaft auf eine harte Probe stellen.

Aber mit dieser Stellung ist es auch möglich, dass einer der

Partner auf die Beziehung verzichtet, weil es seine öffentlichen Verpflichtungen oder die hohe Verantwortung im Beruf nicht erlauben, die Verbindung fortzusetzen. Manche Leute ziehen ihre Karriere dem Partner vor. Die gemeinsame Partnerschaft leidet sehr darunter oder geht in die Brüche, weil der zu viel beschäftigte Partner keine Zeit für den Menschen hat, mit dem er das Leben teilt.

Für Paare, die gemeinsam Karriere gemacht haben, könnte die Stellung von Lilith im 10. Haus brenzlig werden. Der Schwarze Mond in dieser Stellung kann die Rivalität zwischen ihnen zum Thema werden lassen. Jeder von ihnen wird erfolgreicher als der anderen sein wollen, und ein paar Schläge unter die Gürtellinie sind keine Seltenheit.

Lilith passt ausgezeichnet in eine Beziehung, die den gesellschaftlichen Normen nicht entspricht; in diesem Fall ist die gegenseitige Faszination aus diesem Grund unwiderstehlich.

Einmal habe ich etwas Merkwürdiges gesehen: Eine große, kräftige, blonde Frau, gut angezogen und warm eingepackt, ging Hand in Hand mit einem zierlichen indischen Mann mit langem Haar, der nur mit einem Lendenschutz bekleidet war. Man kann sich vorstellen, wie die Leute auf der Straße das merkwürdige Paar angestarrt haben.

Lilith im 11. Haus: Mit der Bewertung der Platzierung im 11. Haus können wir feststellen, ob zwei Partner auch in der Lage sind, Gefühle der Freundschaft innerhalb ihrer Partnerschaft zu entwickeln. Mit dem Schwarzen Mond in diesem Bereich wird dies selten der Fall sein. Dies geschieht, weil Lilith eher ein Prinzip der Rebellion, der Konkurrenz und der Rivalität darstellt. So ist es möglich, dass Partner, die Lilith in diesem Haus im Composit platziert haben, kein Vertrauen zu dem anderen entwickeln, aus der Angst heraus, dass das, was sie dem Partner erzählen, später gegen sie verwendet wird, und so behalten sie ihre Gedanken und Ideen für sich. Anstatt Freunde zu sein, rivalisieren sie, und jeder von ihnen ist bemüht, dem Partner so wenig wie möglich von seinem Inneren zu offenbaren. Es herrscht kein Gefühl der Solidarität in ihrer Beziehung, was nicht ausschließt, dass sie außerhalb der festen Partnerschaft eine wirklich gute Freundschaft pflegen können. Die Freunde sind es, zu denen die betreffenden Personen Vertrauen haben und über alles sprechen können. Dem Partner bleibt immer ein großer Teil der Gedanken, der Träume und der Hoffnungen des anderen verborgen.

Bei einem Composit von zwei Menschen, die lediglich eine freundschaftliche Verbindung zueinander haben und bei denen Lilith im 11. Haus steht, müssen diese früher oder später zu ihrer Verblüffung feststellen, dass sie nicht nur freundschaftliche Gefühle zueinander empfinden, sondern sich erotisch voneinander angezogen fühlen. Wenn sie bereit sind, auch ohne sich fest zu binden und ohne gefühlsmäßige Komplikationen, ihre gemeinsame Beziehung durch aufregende neue Erlebnisse zu bereichern, werden sie ihr gegenseitiges Vertrauen und die gegenseitige Zuneigung noch intimer und aufregender erleben.

Lilith im 12. Haus: Das 12. Haus ist im Composit das Haus der spirituellen Erlebnisse, die die Partner miteinander teilen.

Durch die Platzierung des Schwarzen Mondes verliert dieses Haus seine Mystik. Die Beziehung wird rein erotische Gefühle meist zwischen Personen hervorrufen, die bereits gebunden sind. Sie suchen in dieser Bindung einen Reiz. Wenn sie vermeiden, für diese Partnerschaft Bedingungen zu formulieren, dann kann die gemeinsame Erfahrung erfreulich und erregend bleiben. Ich habe schon bei manchen Klienten, die Lilith im Composit im 12. Haus hatten, erlebt, dass sie ihr Verhältnis unbedingt legalisieren wollten. Sie ließen sich von ihren Ehepartnern scheiden. Was sie erreichten, war Langeweile. Der Reiz aneinander war durch die Veränderung in ihrer Beziehung vorbei. Die Spannung und das Herzklopfen, das sie früher empfunden hatten, als sie sich heimlich trafen, waren verschwunden. Lilith im 12. Haus liebt es, im Verborgenen zu verbleiben.

Sie schwärmt für kitzelige Situationen und sie ist eine Meisterin der Intrige.

Als heimliche Geliebte erleben die Betreffenden Abenteuer und Sinnenrausch; als Lebenspartner kann es sein, dass sie die Spannung und den Rausch woanders suchen, um aus einer Beziehung auszubrechen, die eintönig geworden ist.

Eine andere Auswirkung von Lilith im 12. Haus ist der Mangel an Ehrlichkeit und Offenheit in einer festen Partnerschaft. Beide Partner, oder einer von ihnen, neigen zu Heimlichkeiten, die mit der Zeit die Beziehung unterminieren können. Oft spürt ein Partner, dass der andere ihm etwas verheimlicht, aber gleichzeitig könnte die Angst, ihn zu verlieren, dazu beitragen, dass er/sie dieses Gefühl verdrängt. Die Partnerschaft wird unter einer trügerischen Harmonie weitergeführt.

Beispiele aus dem Leben

Ich bitte die Leser um Verständnis, wenn nicht alle Vergleichs – und Composit-Aspekte erwähnt werden. Da dieses Buch von Lilith in der Partnerschaft handelt, werden die Aspekte des Schwarzen Mondes ausführlicher besprochen als die Aspekte der übrigen Planeten, aber wie bereist oben erwähnt, sollte man immer einen Zusammenhang zwischen den Aspekten von Lilith und den anderen Planetenverbindungen erstellen. Wir sollten nicht vergessen, dass jedes Horoskop eine eigene Struktur besitzt und sich auf das Zusammenwirken verschiedener Faktoren aufbaut.

Margit

Dieser Fall verdeutlicht, wie stark Projektionen zwischen zwei Menschen sein können, die sich kaum kennen. Margit hatte sich bei einem Seminar über Astrodrama angemeldet. Am Tag bevor sie hinfahren wollte, rief sie einen anderen Teilnehmer an und bat ihn um eine Mitfahrgelegenheit. Er stimmte zu, und so konnten auch die Reisekosten geteilt werden. Am Telefon klang seine Stimme angenehm, und er wirkte sehr sympathisch. Während der Fahrt amüsierten sie sich köstlich und führten eine lebhafte Unterhaltung. Er erzählte ihr, seine Freundin habe – wie Margit – Sonne in der Waage und AC im Schützen.

Während des Seminars geschah etwas, was Margit total erschütterte. Nach einer Performance, in der der Mann seinen Mars spiel-

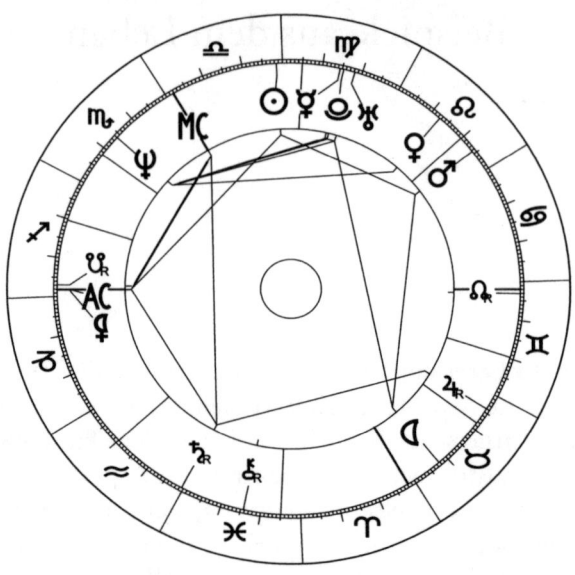

Abbildung 14 : Radix Margit

te, offenbarte er den anderen Teilnehmern seine Wut und seinen Hass den Frauen gegenüber. Diese Wut äußerte sich vor allem gegenüber seiner aktuellen Freundin, die ihn verlassen wollte. Margit saß im Kreis und fing an, sich innerlich vollkommen unwohl zu fühlen. Angst und Entsetzen ersetzten die anfängliche Fröhlichkeit. Sie hörte nur, wie ihr Herz anfing zu pochen. Sie spürte Lebensgefahr. Sie wusste, wenn sie mit ihm zurückfahren würde, könnte die Fahrt für sie sehr schlimm enden. In der Pause sprach sie mit dem Kursleiter und erzählte ihm von ihren Befürchtungen. Er riet ihr, die gemeinsame Rückfahrt abzusagen, denn wenn ihre Gefühle so stark dagegen sprachen, sollte sie auch konsequent danach handeln. Darauf-hin sagte sie dem Mann, sie könne nicht mehr mit ihm zurückfahren, und bat ihn um Verständnis. Dieser wirkte sehr betroffen. Am kommenden Kurstag erschien der Kursteilnehmer nicht und blieb weg ohne Entschuldigung

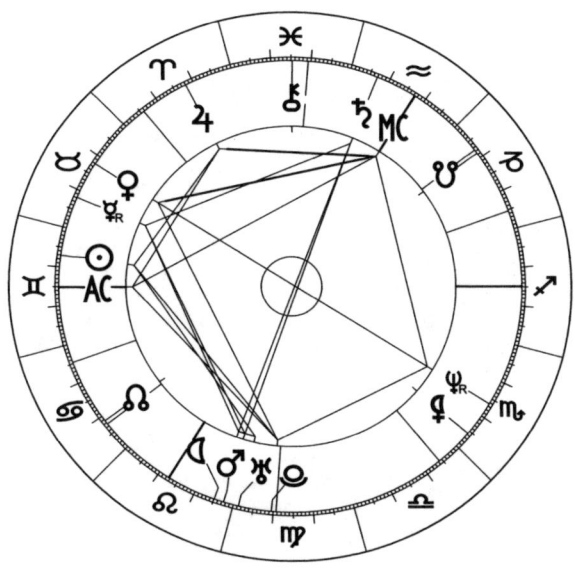

Abbildung 15: Radix Fahrer

weg. Die Gefühle von Margit waren sehr gemischt. Einerseits empfand sie ihm gegenüber Schuldgefühle, andererseits vertraute sie ihrer Intuition und war froh über ihre Entscheidung.

Als sie später ihr Horoskop und das des Mannes im Kurs gemeinsam anschauten, entdeckten sie sehr interessante synastrische Winkelverbindungen. Zuerst zeigte das Horoskop des Mannes eindeutig die feindseligen Gefühle, die er Frauen gegenüber empfindet. Im 4. Haus befindet sich eine Dreierkonjunktion zwischen Mond, Mars und Uranus, die im Quadrat zu Merkur stehen, Lilith befindet sich in Opposition zur Venus. Ein Hang zu Gewalttätigkeit wird durch das Sonne/Pluto-Quadrat und die Mars/Saturn-Opposition symbolisiert. Die Mond/Mars/Uranus-Konjunktion des Mannes fällt im Horoskop von Margit in ihr 8. Haus. Diese Konjunktion in der Synastrie weist auf unbewusste gegenseitige emotionale Verstrickungen hin. Pluto befin-

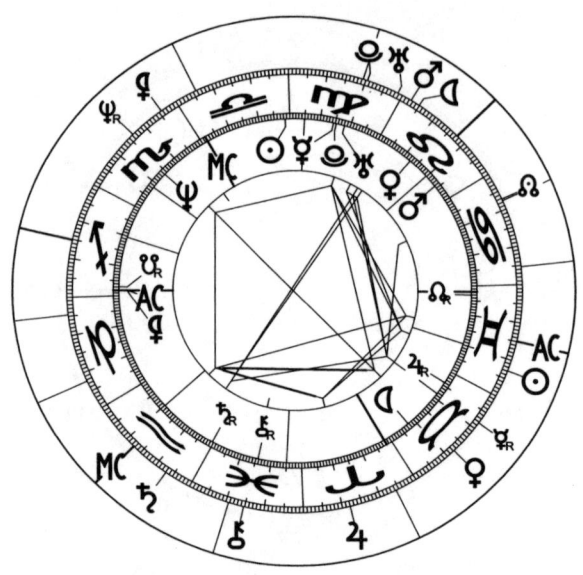

Abbildung 16: Synastrie Margit und Fahrer

det sich in Konjunktion zu ihrem Uranus im 8. Haus, und seine Sonne bildet ein Quadrat dazu. Seine Lilith steht in Opposition zu Margits Mond und aktiviert ihr Mond/Mars-Quadrat. Die Opposition Lilith-Venus des Mannes bildet zusammen mit ihrem Mond/Mars-Quadrat ein T-Quadrat. Dieses ist eine explosive Konstellation, die in sexueller Gewalt ausarten kann. Diese Tendenz wird im Composithoroskop durch die Konjunktion von Uranus/Pluto/DC im Quadrat zu Lilith bestätigt.

An dem Tag, als sie zusammen zurückfahren sollten, befand sich der rückläufige Mars im Transit auf ihrer Lilith/AC-Konjunktion, und die transitierende Lilith bildete ein Quadrat zu ihrem Neptun. Diese Transite symbolisieren, dass Margit das potenzielle Opfer (Neptun) sexueller Gewalt (rückläufiger Mars in Konjunktion zu Lilith) hätte werden können. Natürlich ist es nicht sicher, ob tatsächlich etwas so Schreckliches

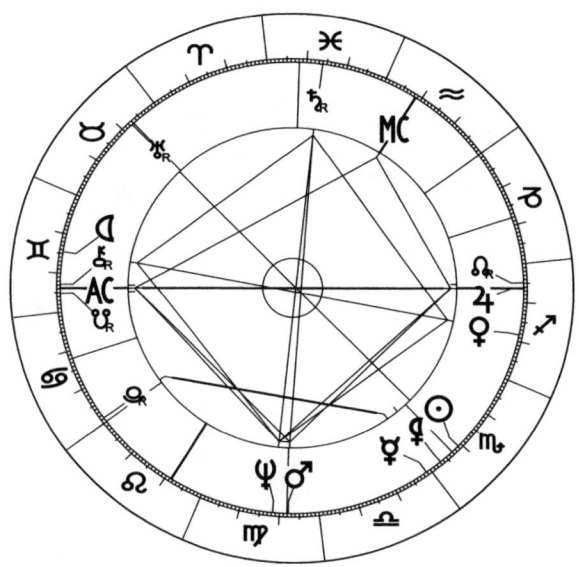

Abbildung 17: Radix Alma

geschehen wäre, die Voraussetzungen dazu waren jedoch gegeben. Latent schwebte zwischen ihnen eine sehr gewaltgeladene Energie, die sich aufgrund der gegenseitigen Projektionen hätte entladen könnte. Margit traut ihren Gefühlen und ihrer Intuition oftmals nicht. Die Betrachtung der Konstellation hat ihr jedoch bestätigt, dass sie sich innerlich nicht getäuscht hatte, und dies gab ihr Mut, mehr auf ihre Gefühle zu hören und nicht mehr gegen sie zu handeln (Mond Quadrat Mars).

Alma und Rick

Die Beziehung von Alma und Rick fällt aus der Reihe. Alma (Jahrgang 1936) ist viel älter als Rick (Jahrgang 1953). Beide sind verheiratet und führen gute emotionale Beziehungen zu

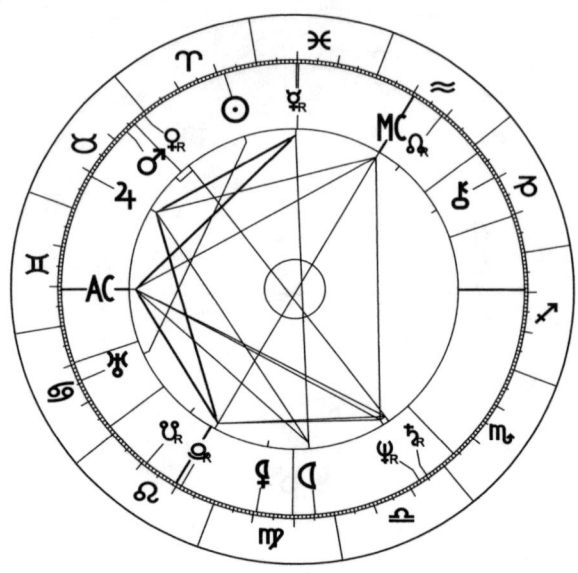

Abbildung 18: Radix Rick

ihren jeweiligen Partnern. Alma ist bereits Großmutter zahlreicher Enkelkinder. Während einer Reise haben sich die beiden 1994 kennen gelernt und fielen sich bereits wenige Stunden danach in die Arme, so stark war die Anziehungskraft zwischen ihnen. Die transitierende Lilith Ricks befand sich in Konjunktion zu seiner Geburtsvenus und bildete eine Opposition zur Radix-Lilith von Alma. Der Radix-Jupiter von Rick wurde an diesem Tag von der Venus im Transit berührt. Venus transitierte im Trigon zur Radix-Lilith. Uranus im Transit befand sich im Trigon zur Radix-Venus von Rick, und die Transit-Mondknoten bildeten ein Trigon zu Almas Venus. Bei solchen Konstellationen konnte es nur Liebe auf den ersten Blick sein. Über mehrere Jahren hinweg hatten sie ein Liebesverhältnis zueinander, das nicht ohne Verstrickungen und sehr abenteuerlich verlief. Rick war in den ersten Jahren ihrer Bezie-

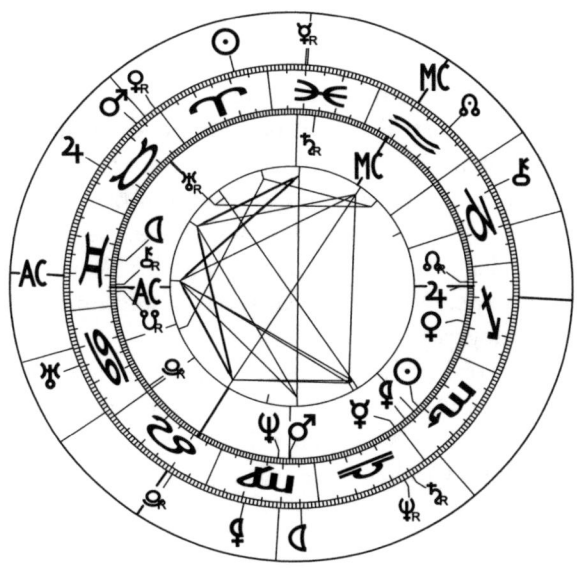

Abbildung 19: Synastrie Rick und Alma

hung noch Single, und jedes Mal, wenn er eine Freundin hatte, informierte er die Frau über die Beziehung, die er zu Alma pflegte, was sehr viel Aufregung und Dramatik verursachte. Die Beziehung zu ihr brachte einiges in seinem Gefühlsleben durcheinander.

Obwohl er einige Jahre später heiratete, brach er das Verhältnis zu Alma nicht ab. (Seine jetzige Ehefrau und Almas Mann wissen von dieser Beziehung jedoch nichts). Sie sehen sich seltener, aber Alma bleibt seine »Seele«. Inzwischen hat sich ihre Bindung zu einer starken Freundschaft entwickelt, die über die noch vorhandene sexuelle Anziehung geht. In der Synastrie bildet der Schwarze Mond von beiden mächtige Vergleichsaspekte: Sein Schwarzer Mond steht im Quadrat zu ihrer Radix-Venus und ihrem Radix-Mond, die sich in Opposition zueinander befinden. Ricks Lilith bildet als Brennpunkt ein T-Quadrat zu dieser Opposition. Da der Schwarze Mond von ihm auch eine Opposition zum Saturn von Alma bildet, wird der ganze synastrische Aspekt zu einem großen Quadrat, das sehr viel Energie für ihre Partnerschaft liefert. Eine Energie, die wahrscheinlich im gemeinsamen Alltag schwierig zu kanalisieren gewesen wäre, aber in einer Affäre sehr anregend wirkt.

Wir sollten nicht vergessen, dass Menschen, die ihre Sonne in einem Mars-Zeichen platziert haben, wie der Skorpion im Fall von Alma und der Widder bei Rick, das Risiko und gefährliche Situationen mögen.

In der Synastrie bildet die Lilith von Alma eine Opposition zu seiner Venus. Der 17-jährige Altersunterschied und das zunehmende Alter von Alma haben bis jetzt die tiefe Zuneigung und Anziehung zwischen ihnen nicht gelöscht.

Camille Claudel und Auguste Rodin

Camille Claudel wurde als älteste Tochter eines Grundbuchführers und einer landbesitzenden Frau aus der Provinz geboren. Camille war schon als Kind anders als die anderen Mädchen. Sie hinkte leicht, war aber von außergewöhnlicher Schönheit. Ihr Charakter war eigenwillig, stolz und leidenschaftlich: eine echte Lilith-Gestalt. Im Radix steht Lilith im Quadrat zur Sonne und im Trigon zur Venus. Schon als Kind machte sich ihre Begabung als Bildhauerin und Modelliererin bemerkbar. Ihre Werke schuf sie ohne Lehrmeister oder Vorbilder in der eigenen Familie, sie war einfach begabt. Als Zwölfjährige erregte sie die Aufmerksamkeit der ortsansässigen Künstler mit einer Gruppe von Tonfiguren. Der Direktor der Kunstschule sah ihre Arbeiten und fragte erstaunt, ob sie Unterricht bei Auguste Rodin genommen hätte, da ihre Figuren Parallelen zu dem Werk des bekannten Künstlers aufwiesen. Die junge Künstlerin kannte nicht einmal dessen Namen, sodass die Ähnlichkeiten wirklich zufällig sein mussten. Wenn wir die Geburtshorosko-

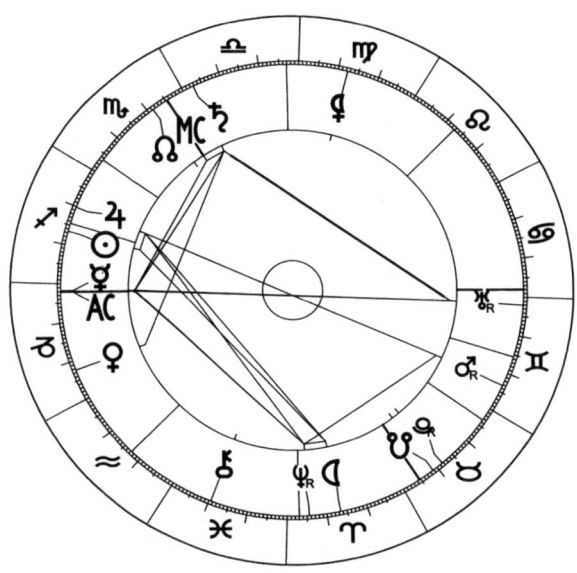

Abbildung 20: Camille Claudel

pe der beiden Künstler betrachten, erkennen wir eine ähnliche Energie, die sich parallel in ihren schöpferischen Kunstobjekten geäußert hat. Rodin und Camille haben beide den AC im Steinbock (was bei Bildhauern häufig vorkommt). Sie sind beide schützebetont, und beide Sonnen stehen in Konjunktion zu Jupiter.

Camille Claudel hatte eine sehr schwierige Beziehung zur eigenen Mutter und zu ihrer Schwester (Lilith Quadrat Sonne und Mond im Widder im 3. Haus deuten auf Rivalität mit den Frauen in der Familie hin), die erbost waren, weil der Vater, ein Freidenker, Camille erlaubte, nach Paris zu gehen, um Kunst zu studieren. In jener Zeit war es für eine junge Frau nicht einfach, die Provinz zu verlassen und als Künstlerin in der Hauptstadt zu leben. 1881 war es in Frankreich noch verboten, als Frau an der École des Beaux-Arts zu studieren. Erst 1900 durften sie in den

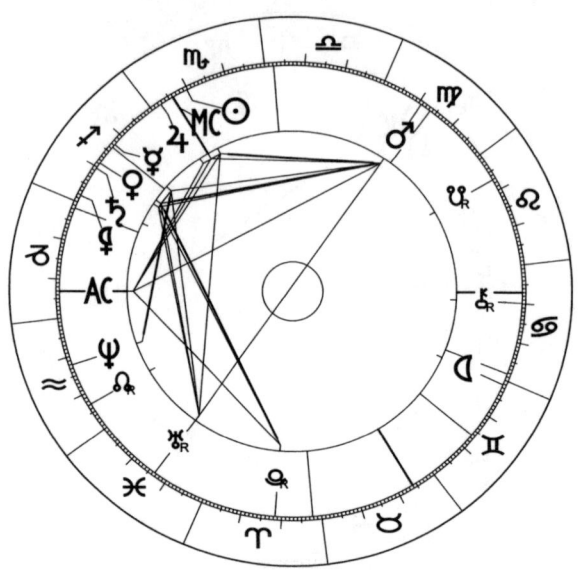

Abbildung 21: Auguste Rodin

Ateliers arbeiten. Camille arbeitete trotzdem mit drei englischen Bildhauerinnen zusammen in einem gemeinsamen Atelier.

1983, als Rodin 44 Jahre und Camille 19 Jahr alt waren, lernten sie sich kennen und wurden sofort ein Liebespaar. Obwohl Camille bei ihrer Mutter lebte, verbrachte sie den ganzen Tag im Atelier mit ihm. Sie war genial und er förderte ihr Talent. 1888 warf ihre Mutter Camille hinaus, als sie erfuhr, welche sündhafte Beziehung die Tochter lebte. Rodin war nicht frei, er lebte mit seiner Lebensgefährtin Rosa seit 20 Jahren zusammen. Er hatte auch nicht vor, Rosa zu verlassen, um mit seiner hinreißenden jungen Geliebten zu leben. Vielleicht war es die Treue seiner langjährigen Lebensgefährtin gegenüber oder es war Bequemlichkeit, auf jeden Fall fand Rodin nie den Mut, sich von Rosa zu trennen und Camille als offizielle Partnerin anzuerkennen.

Camille Claudel war auf die Rivalin sehr eifersüchtig. Eine

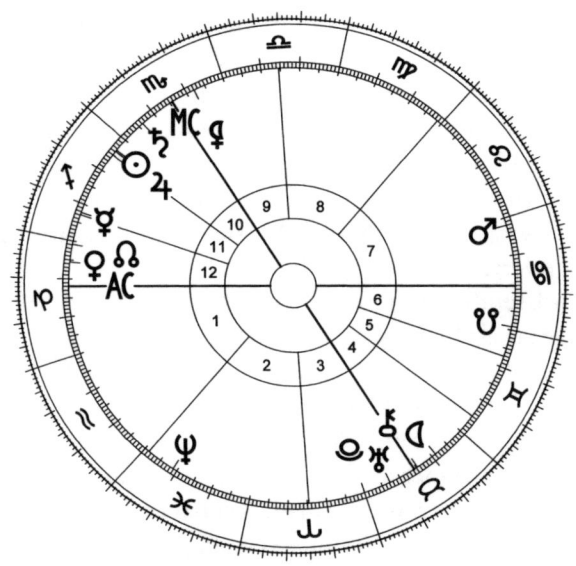

Abbildung 22: Composit Claudel und Rodin

gut erhaltene Karikatur, von Claudel gezeichnet, zeigt Rodin als nackten festgeketteten Prometheus in einer Gefängniszelle, während eine ebenfalls nackte Rosa, mit einem Hexenbesen bewaffnet, ihm den Weg zur Freiheit versperrt.

Das Composithoroskop zeigt Venus im 12. Haus, dem Feld der heimlichen Affären, im Trigon zu Uranus und zu Pluto. Die zwei Trigone der Composit-Venus symbolisieren die sexuelle Leidenschaft der beiden Künstler füreinander, eine Leidenschaft, die keine feste Bindung benötigte.

Sie verbrachten gemeinsam lediglich ein paar Ferienwochen, lebten jedoch niemals zusammen. Rodin hat sie der Öffentlichkeit nicht als offizielle Geliebte vorgestellt. Camille wurde mehrmals schwanger, man spricht von vier Schwangerschaften, und es ist nie klar gewesen, ob sie abgetrieben hat oder die Kinder zur Adoption gab. Mars in ihrem 5. Haus im Quadrat zu Chiron und Lilith im Aspekt zu Venus deuten mehr auf die Abtreibung hin. Für Camille war das ungelebte Mutterglück sicherlich eine sehr schmerzhafte Erfahrung. Da ihr Mond im Trigon zu Jupiter und in Konjunktion zu Neptun im Radix steht, deutet dies auf einen unerfüllten starken Wunsch nach eigenen Kindern hin. Lilith jedoch im Aspekt zur Sonne hinderte sie daran, es zu erleben. Oder besser gesagt, der Mann, den sie für das Leben ausgewählt hatte, hinderte sie, diese Freude auszuleben.

Rodin beeinflusste ihre Arbeit und sie war seine Muse. Die Jahre, die sie als Liebespaar verbrachten, wurden die kreativsten im Leben Rodins. Camilles Lilith stand im Sextil zu Rodins Sonne und im Quadrat zu seiner Venus. Ihre Sonne befand sich in Konjunktion zu seiner Venus, ihre Venus im Sextil zu seiner Sonne. Solche Aspekte sind ein Beweis dafür, wie sich diese beiden Künstler gegenseitig inspiriert haben. Lilith im Composit am MC betont die Ähnlichkeit ihrer Kunstwerke und die ähnliche Kunstrichtung.

Auch die starke sexuelle Faszination füreinander wird durch die Astrologie bestätigt: Rodins Mars stand in Konjunktion zur Lilith von Claudel, ihre Venus im Trigon zu seinem Mars.

Rodin war von ihr fasziniert und sexuell sehr angezogen, aber die Beziehung zu ihr enthielt von seiner Seite keine wirkliche Liebe. Er profitierte von ihrer Arbeit. Sie war intensiv kreativ tätig, aber signierte wenige Werke; die übrigen vereinnahmte der Meister. Sie bekam für ihre Mitarbeit und ihre Arbeit als Modell kein Gehalt von ihm, war von ihm aber auch nicht unabhängig, denn als sie die Wohnung von ihrer Mutter verlassen musste, übernahm Rodin ihre Miete und ihre Ausgaben. Er bezahlte sie als Geliebte und nicht als Mitarbeiterin. Eine sehr demütigende Situation für die stolze Camille. Das Composithoroskop zeigt Neptun im 2. Haus im Quadrat zur Sonne/Jupiter-Konjunktion: Das Finanzielle war nicht richtig definiert, sie wurde für andere Dienste bezahlt und nicht für ihre kreative Arbeit.

Rodin nutzte ihr Talent und ihre Ideen. Zwar lobte er ihre Arbeit bei den Kritikern, aber richtig unterstützen tat er sie nicht.

Erst als 29-Jährige fand sie den Mut, sich von Rodin zu trennen, und versuchte im eigenen Atelier zu arbeiten. Doch das Leben hatte sie enttäuscht, die früheren Träume waren verblasst. Die heimliche Beziehung zu dem Meister hatte sie viel Kraft gekostet und ihren einst jugendlicher Elan gelöscht. Als sie anfing, für ihren Lebensunterhalt selbst zu sorgen, begann ihr Elend. Sie gab ihr weniges Geld für das Rohmaterial aus, konnte sich keine Modelle leisten und lebte in ärmlichen Wohnungen, in Not, ohne Heizmaterial im Winter und sehr wenig zum Essen.

Sie lebte für ihre Arbeit und bemühte sich, ihr Werk zu vollenden und Anerkennung unabhängig von Rodin zu finden. Die Kritiker waren unbarmherzig und fanden ihre Werke grotesk, sie bezeichneten sie als »Mastodonten aus Gips«. Damit konnte sie ihren Lebensunterhalt nicht bestreiten, verschuldete sich und versuchte verschiedene Jobs anzunehmen: z.B. als Designerin für Jugendstil-Lampen. Aber es gelang ihr nicht, sich Modelle und Gehilfen zu leisten. Ihr fehlten Kleidung und Schuhe. Camille Claudel lebte in Armut. Nur eine kurze Liebesgeschichte mit dem Komponisten Debussy erhellte ihre Existenz, danach verliebte sie sich nie wieder. Durch starken Alkoholkonsum wurde sie dick und alterte rasch. Nur einige Kunstkritiker äußerten sich positiv über ihre Werke; sie schrieben, die Claudel sei genial. Während sie in der Abgeschiedenheit, von all ihren Freunden und Verwandten verlassen, arbeitete, erreichte Rodin Aufsehen erregende Erfolge mit seinen Skulpturen, die von der Kreativität Camille Claudels inspiriert waren. Er wurde bejubelt, sie wurde vergessen und abgelehnt. Die Sonne in ihrem Horoskop im 12. Haus im Quadrat zu Lilith schildert ihr trauriges Schicksal: ihr Dasein als Künstlerin im Schatten ihres berühmten Liebhabers. Ab 1905 fing sie an, alle ihre Werke, nachdem sie fertiggestellt waren, zu zerschlagen. Sie wurde wahnsinnig und litt unter Verfolgungswahn, der gegen Rodin gerichtet war. Sie behauptete, Rodin habe ihre Ideen gestohlen und führe sogar eine Verschwörung gegen sie an. 1913 starb ihr Vater. Sofort nach seinem Tod wurde Camille gewaltsam in eine

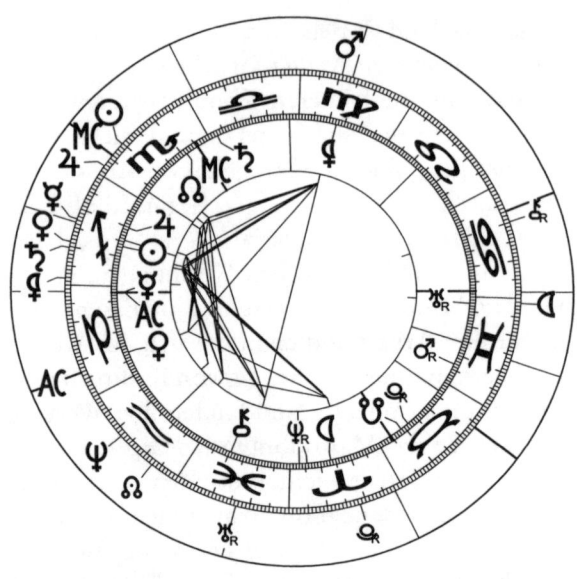

Abbildung 23: Synastrie Claudel und Rodin

Irrenanstalt gebracht. Die Klinik sollte sie nie mehr verlassen. Camille starb 30 Jahre später, ohne jemanden aus ihrer Familie wiederzusehen – mit Ausnahme ihres Bruders Paul Claudel. 30 Jahre lang wurde sie vergessen. 1920 benachrichtigten die Ärzte die Mutter, dass die Wahnvorstellungen Camilles nachgelassen hätten und dass sie die Anstalt verlassen könne, doch die Mutter lehnte dies mit einem Brief ab, in dem sie schrieb: »Camille hat alle Laster, ich will sie nicht wiedersehen, sie hat uns schon zu viel angetan.« Camille schrieb später: »Man wirft mir vor – oh, welch entsetzliches Verbrechen! –, dass ich allein gelebt habe.« Wie Lilith im Mythos bezahlte Camille Claudel ihre Entscheidung, allein zu leben und auf sich gestellt zu sein, sehr teuer.

In den 30 Jahren, die sie in der Irrenanstalt ausharrte, wusste niemand, dass sie eine begabte Künstlerin war. Lediglich zwischen 1883 bis 1898 gelangte sie zu etwas Ruhm, als sie die

Geliebte Rodins war, ansonsten sprach man nie wieder über diese geniale Frau, als hätte sie außerhalb ihrer Liebesbeziehung niemals gelebt. Im Composithoroskop steht Lilith in Opposition zu Chiron. Dieser Aspekt zeigt, dass einer der Partner – in diesem Fall Camille – wegen dieser Liebe, die viel Demütigung und seelischen Schmerz verursachte, krank wurde. Ihre Liebe zu Auguste Rodin wurde zur Psychose. Ihr Horoskop zeigt deutlich die Tendenz, die eigene Persönlichkeit, ihre Stärke und ihre Würde zu verleugnen und sich total in einem Mann zu verlieren. Nur durch ihn konnte Camille einen Selbstwert entwickeln, ohne ihn war sie wertlos. Die Sonne in ihrem im 12. Haus in Konjunktion zu Jupiter und im Quadrat zu Chiron im 2. Haus stellt diese Problematik dar.

Die Trennung von ihm war die Erschütterung, die zur geistigen Krankheit führte. Paul Claudel, Camilles Bruder, drückte sich über diese Trennung so aus: »Die Trennung war für den Mann eine Notwendigkeit, für meine Schwester war sie die vollständige, tiefe, endgültige Katastrophe ... Sie hatte alles auf Rodin gesetzt, sie verlor alles mit ihm.«[24]

In Rodins Geburtshoroskop bilden die weiblichen Planeten harte Aspekte, die eine unterschwellige Feindseligkeit gegenüber den Frauen aufdecken. Venus in Konjunktion zu Saturn bildet ein Quadrat zu Mars, und Lilith befindet sich in Opposition zum Mond. Diese Planetenverbindungen weisen auf aggressive Gefühle gegenüber Frauen hin sowie auf die Tendenz, diese zu erniedrigen und auszunützen.

Cinzia und Ugo

Seit ihrer Kindheit lebte Cinzia in sehr tiefer Freundschaft zu einem Mann, der vor einigen Jahren infolge eines Krebsleidens gestorben ist. Sie waren so innig verbunden, dass oft keine Worte nötig waren, um sich zu verstehen und zu kommunizieren. Die Konjunktion im Composit von Mond-Pluto im 3. Haus im

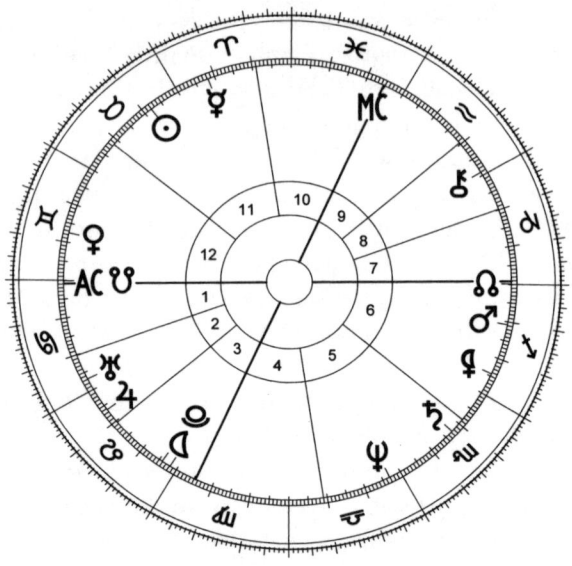

Abbildung 24: Composit Cinzia und Ugo

Trigon zu Merkur im 11. Haus und zu dem Mondknoten im 7.
Haus ist ein Ausdruck dafür. Es war eine besondere Beziehung
zwischen ihnen. Beide empfanden sie als ein warmes Zuhause
(Composit-AC in Krebs). Obwohl sie weit auseinander gelebt
haben, war es jedes Mal wie nach Hause zu kommen, wenn sie
sich wiedersahen. Viele haben sie für ein Liebespaar gehalten, es
herrschte zwischen ihnen jedoch eine liebevolle Freundschaft,
die jenseits der Anziehung zwischen Mann und Frau lag. Das
Composithoroskop zeigt sehr deutlich, dass diese Verbindung
keine eheliche oder feste Beziehung war, denn die Sonne, als
Ausdruck der Verbindung, befindet sich im 11. Haus im Quin-
kunx zu Lilith, weist auf eine liebevolle Freundschaft hin, die
nicht auf die erotische Ebene gerät, die aber starke erotische
Schwingungen nicht ausschloss (Quinkunxe verursachen ein
unterschwelliges Gefühl). Venus und Mars stehen in Oppositi-

on zueinander und erzeugen eine sexuelle Spannung, die sich durch die Opposition nicht entladen kann. Ihnen war ihre Freundschaft viel wichtiger als das Ausleben der Sexualität, was die Gefahr eines bitteren Endes der freundschaftlichen Gefühle bedeuten konnte. An dem Tag, als sie sich von dem im Sterben liegenden Freund verabschiedete, küssten sich Cinzia und Ugo zärtlich auf den Mund. Venus im Transit bildete eine Konjunktion zum Composit-Mars und eine Opposition zur Composit-Venus, außerdem bildete dieser Planet noch ein Trigon zu Mond-Pluto. Lilith im Transit formte ein Quadrat zum Mondknoten und ein Sextil zu Uranus.

Noemi und Andrin

»Wenn es mit uns vielleicht einmal auseinander geht und einer von uns nach Nairobi geht, dann bleiben wir immer Freunde, und wenn einer in Not kommt, setzt sich der andere sofort ins Flugzeug (auch wenn ich Flugangst habe) und eilt zur Hilfe.« Mit diesen Worten drückt meine Freundin Noemi ihre Zuneigung für Andrin aus. Sie hatten sich vor zehn Jahren in einer offenen Therapiegruppe in einem Weltkloster kennen gelernt. Noemi ist seit vielen Jahren verheiratet, lebt jedoch gleichzeitig eine intensive Beziehung zu Andrin. Ihre Bindung basiert sehr stark auf Liebe, aber die Freundschaft ist genauso stark wie ihre Leidenschaft. Das Sextil des Schwarzen Mondes im Composithoroskop zu Merkur im 3. Haus ist ein Hinweis dafür, dass ihre Kommunikation sehr offen und ehrlich ist. Gegenseitig können sie sich alles erzählen ohne Tabus oder Hemmungen. Sie zeigen dem anderen ihr wahres Gesicht. Sie brauchen keine Maske (Lilith im 1. Composithaus), um sich etwas vorzumachen, miteinander sind sie echt. In der Synastrie steht die Venus von Andrin im Sextil zum Merkur von Noemi. Auch dieser synastrische Aspekt ist sehr günstig für den liebevollen Austausch.

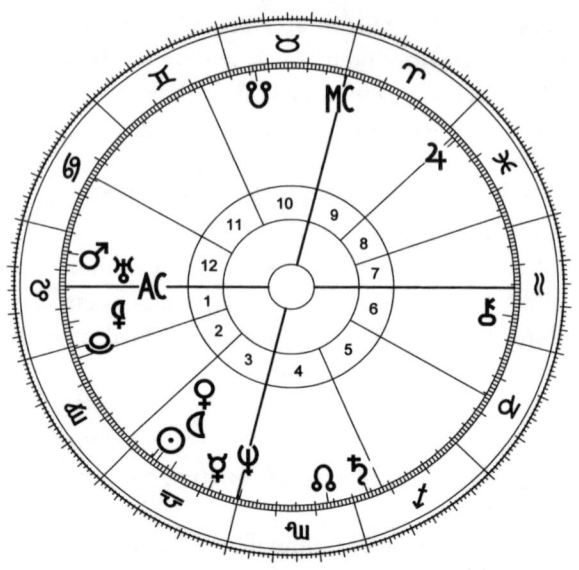

Abbildung 25: Composit Noemi und Andrin

»Eigentlich lebe ich zwei Leben. Manchmal ist dies sehr anstrengend, aber ich lerne viel und es ist spannend,« sagte Noemi zu mir und erzählte weiter von den Schwierigkeiten, in einer kleinen, italienischen Stadt zu leben und aufpassen zu müssen, dass niemand etwas von ihrem Doppelleben bemerkt. Aber natürlich, wie es immer geschieht, redeten bereits einige Leute darüber. Lilith bildet ein Sextil zu Merkur im Haus der Nachbarschaft, dies sorgt schon für übles Gerede, auch wenn man sich vorsichtig verhält.

Das Composithoroskop zeigt eine enge Konjunktion zwischen Sonne, Mond und Venus und lässt uns sehr deutlich sehen, dass es in dieser Beziehung um Liebe und zärtliche Gefühle füreinander geht.

Ich war neugierig zu wissen, warum sie sich nicht für Andrin entschieden hat und bei ihrem Mann geblieben ist. Sie antwortete mir, sie habe das Gefühl, Andrin habe (noch) keinen Boden unter den Füßen (beruflich etc.) und dass sie auch selbst nicht genau wisse, in welche Richtung sein Leben geht. Sie hat sich aus Sicherheitsdenken heraus für die Ehe entschieden, will aber auch nicht auf die Beziehung zu Andrin verzichten. Ich habe schon häufig festgestellt, dass Lilith am AC oder im 1. Haus im Compositohoroskop nicht für das Zusammenleben geschaffen ist, auch wenn in dem Partnerschaftshoroskop so zahlreiche Aspekte vorhanden sind, die günstig für eine feste Verbindung wären, wie im Fall von Noemi und Andrin. Seine Lilith steht im Sextil zu Noemis Sonne und im Trigon zu ihrem Mond, was die Aussage von Lilith im 1. Composithaus verstärkt. Die Verbindungen, die von Lilith stark beeinflusst sind, brauchen viel Freiraum und müssen das Gefühl in beiden Partnern erwecken, dass ihre Beziehung etwas Besonderes ist und aus dem gängigen Schema herausfällt. Im Compositohoroskop von Andrin und Noemi spielt auch Uranus am AC eine wichtige Rolle und verstärkt das Bedürfnis, die Verbindung nicht in eine alltägliche Beziehung zu verwandeln.

Noemi liebt Andrin, aber ihre Jungfraubetonung lässt sie vernünftig handeln. Sie setzt nicht gern ihre Sicherheit aufs Spiel und etwas an ihrem Geliebten sagt ihr, dass er ihr keine stabilen Verhältnisse bieten kann. Mit Lilith im 1. Haus des Beziehungshoroskops erleben die betreffenden Personen eine starke Anziehung füreinander, aber sie harmonieren und ergänzen sich nicht ausgezeichnet. Manche Schatteneigenschaften des Partners werden schwer akzeptiert. Indem man keine fest im Alltag ausgelebte Partnerschaft eingeht, können die »unbequemen« Eigenschaften des anderen besser ertragen und angenommen werden.

Lilith im Begegnungshoroskop

Wenn ich mich mit einer Partnerschaft auf astrologischer Ebene beschäftige, verbinde ich das Composithoroskop und die Synastrie miteinander. Wenn meine Klienten den genauen Zeitpunkt ihrer wichtigsten Begegnungen noch in Erinnerung haben oder sich ihn notiert haben, nehme ich zu meiner Analyse das Horoskop der ersten Begegnung dazu. Das Begegnungshoroskop weist sehr deutlich und zuverlässig auf die wichtigen Themen in der Beziehung und die Voraussetzungen hin, die in dieser Verbindung enthalten sind. Diese Methode ist sehr nützlich, wenn die Geburtsstunde der beteiligten Personen nicht bekannt ist und es nicht möglich wäre, ein Composithoroskop zu erstellen. Das Horoskop der Begegnung ist unersetzlich, wenn wir den Verlauf der Partnerschaft verfolgen möchten, weil wir hier, wie bei jedem Radix-Horoskop, alle prognostischen Methoden verwenden, um die wichtigsten Entwicklungsphasen in der Beziehung festzustellen. Wie ein Radix-Horoskop die Geburt eines Menschen oder den Beginn eines Ereignisses symbolisiert, offenbart das Horoskop des Kennenlernens die Geburt einer Liebe, einer Leidenschaft, einer Freundschaft oder einer Feindschaft.

Die Begegnung zwischen Elisa und Marco fand am 16.6.2001 um 10:00 in Perugia statt. Sie besuchten beide ein Zentrum für östliche Meditation. Schon im ersten Augenblick, als sie sich sahen, spürten beide einen intensiven Energieaustausch. Sie fühlten sich gewaltig voneinander angezogen, und das nicht nur

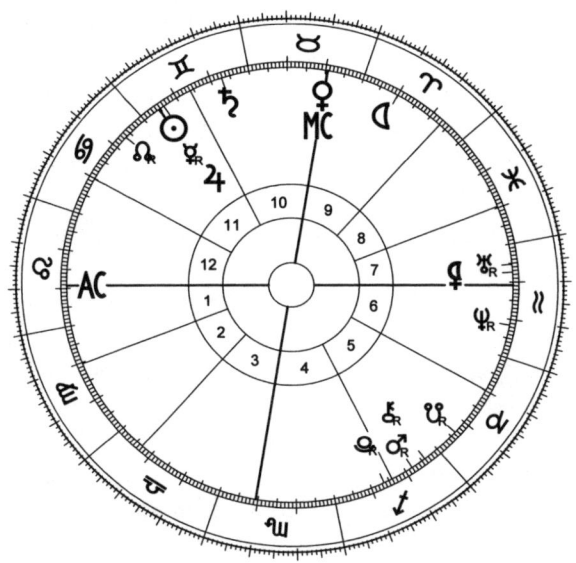

Abbildung 26: Erste Begegnung Elisa und Marco

auf erotischer Ebene. Elisa ist schon seit einigen Jahren mit jemandem zusammen, und eigentlich liebt sie ihren Freund. Was
sie gegenüber Marco sofort fühlte, war die Seelenverwandtschaft, das Gefühl, empathisch verbunden zu sein. Sie fühlte
sich jedoch noch nicht dazu bereit, mit ihm mehr als eine
Freundschaft auszuleben, die sie als sehr tief und außergewöhn-
lich empfand. Sie trafen sich jedes Wochenende und verbrachten zärtliche und empfindsame Stunden miteinander.

Das Horoskop der Begegnung zeigt ganz deutlich, was ich
oben besprochen habe: Die stärksten Anziehungspunkte in diesem Horoskop sind die Konjunktion Uranus-Lilith am Deszendenten, die exakte Konjunktion von Venus zum MC und
das Stellium im 11. Haus. Die Verbindung zwischen Uranus-
Lilith des 7. Hauses zur Sonne im 11. Haus ist ein deutlicher
Hinweis auf eine Beziehung, die als Seelenverwandtschaft zu

betrachten ist. Nicht nur die Sonne im Haus der Freundschaft und der geistigen Verbindungen betont dies, sondern Uranus-Lilith in Konjunktion beeinflussen gleichzeitig mit einem Sextil den Mond im 9. Haus (gemeinsame seelische Grundeinstellung, Verwandtschaft der Seele, gemeinsame spirituelle Suche). Wie es jedoch bei einer dominanten Lilith bei diesem Thema nicht anders zu erwarten war, blieb die Freundschaft nicht platonisch. Als Lilith im Transit die Fische durchwanderte und von der Spitze des 8. Hauses (tief gehende sexuelle Erfahrung) ein Trigon zu dem aufsteigenden Mondknoten bildete, verwandelte sich die geistige, seelische Freundschaft in eine erotische Beziehung; Leidenschaft und Transgression kamen dazu. Das Leitmotiv des Horoskops der Begegnung ist die seelisch-erotisch-zärtliche Beziehung. Seelisch, weil sich der Mond im 9. Haus befindet und ein Trigon zu Pluto, Chiron und zum AC bildet, zärtlich und liebevoll, weil Venus dominant am MC platziert ist, und erotisch, weil Lilith eine herrschende Rolle im Horoskop innehat. Dies wird durch Mars im 5. Haus unterstützt, und Lilith-Uranus am DC deuten auf eine Verbindung hin, die offen, wendig und frei bleiben muss. Wenn diese Beziehung in einen traditionellen Rahmen gepresst wird, verliert sie ihre Besonderheit und wird vielleicht nicht mehr bestehen können. Lilith muss sich ungezwungen, frei und authentisch ausdrücken können. Partnerschaftshoroskope, die eine Lilith im 7. Haus aufweisen, müssen etwas Besonderes an sich haben, und in diesem Fall verstärkt der Einfluss von Uranus diese Aussage. Die Platzierung im 7. Haus des Schwarzen Mondes deutet auf eine Dreiecksbeziehung hin. Elisa hat einen Freund, von dem Marco weiß. Elisa hat diesen Freund aber noch nicht darüber informiert, dass sich die Beziehung zwischen ihr und Marco verändert hat. Dies ist eine typische heikle Lilith-Situation. Das Begegnungshoroskop zeigt ein hohes Potenzial an kreativer und aufbauender Energie. Das große Trigon zwischen Mond, Pluto, Mars, Chiron und AC zeigt eine starke seelische und heilende Energie und innige Gefühle. Marco und Elisa arbeiten an einem gemeinsamen Projekt, sie wollen zusammen ein Zentrum für östliche Meditation gründen. Der positiv gestellte Mond im 9. Haus begünstigt die Arbeit an einem gemeinsamen Projekt. Die Spannungen im Horoskop betonen wichtige Themen und verleihen Lilith noch mehr Ausdruckskraft und Brennstoff. Venus im Quadrat zu Neptun warnt vor einer gegenseitigen übertriebenen Idealisierung. Da Venus am MC platziert ist und Neptun im 6. Haus steht, sollen sie die gemeinsamen Ziele nicht zu hoch stellen und sich nicht von falschen Idealen treiben lassen. Auch die Rolle, die diese Beziehung in ihrem Leben spielt, soll realistisch eingeschätzt werden und nicht der Verführung verfallen und aus einer liebevollen, erotischen Freundschaft eine feste Partnerschaft mit streng definierten und konservativen Rollen (Venus im Stier) werden lassen. Die Opposition der Sonne zu Mars und Chiron begünstigt die Tendenz, sich gegenseitig in ihrem Selbstwert zu verletzen. Die Beziehung kann dadurch aus dem Gleichgewicht geraten und den schönen seelischen Austausch gefährden.

Lilith-Transite in Bezug zur Partnerschaft

Um uns die Macht und Kraft Liliths zu vergegenwärtigen, betrachten wir folgendes Beispiel etwas näher. Es handelt sich um das Horoskop einer Frau, die Lilith im 1. Haus stehen hat.

Zur Sonnenfinsternis im August 1999 wurde nun unsere Horoskopeignerin durch ein Astrodrama-Horoskopspiel, in dem sie sinnigerweise die Rolle der Lilith übernahm, mit diesem Thema konfrontiert. Es war für sie die Möglichkeit gegeben, sich mit der Energie Liliths zu verbinden, diese im Wechselspiel mit anderen (Planeten-)anteilen lebendig werden zu lassen und im Ausdruck zu erleben. Sie beschloss, den Namen für sich zu übernehmen, und nennt sich seitdem, neben ihrem ursprünglichen Namen, Lilith.

An dem großen Kreuz der Sonnenfinsternis 1999 (15-19° fixe Zeichen) war eine AC/DC-Achse (Mars Konjunktion AC / Saturn am DC) beteiligt, was bedeuten kann, von nun an selbstbestimmt, aktiv und mit gereifterer Ansicht in die Welt zu treten. Zudem befand sich der transitierende Pluto in Konjunktion zu Lilith im Quadrat zu ihrem Uranus und gradgenau in Konjunktion zu ihrer Radix-Lilith. Es liegt nahe, dass hier durch eine plötzliche Veränderung ganz andere Seiten und Facetten - eben unbewusste und sehr selbstbestimmende Anteile - dieser Persönlichkeit ihren Weg ans Tageslicht, ja in die konkrete physische Manifestation gesucht und gefunden haben.

Der Schwarze Mond als astrologisches Prinzip ist überaus unbequem, weil er sowohl durch seine helle als auch seine dunkle Seite immer als Ventil für starke Emotionen dient, die sich als befreiende Kraft entfalten oder sich als zerstörende Energien auswirken. Lilith-Gestalten sind Frauen, die gleichzeitig Engel und Dämon verkörpern, und die Situationen, die wir unter dem Einfluss des Schwarzen Mondes erleben, sind ebenfalls ambivalent. Oftmals erleben wir dramatische Wendepunkte, die aber eine ungeheure Kreativität und innere Kraft freilassen. Das Prinzip des Schwarzen Mondes ist vergleichbar mit tief dunkler Nacht, aber es ist auch das Licht, das wir am Ende eines Tunnels wieder erblicken können. Eine Kollegin in Italien bezeichnet die Auseinandersetzung mit Lilith als eine Zeit, in der die Engel nicht mehr singen und sich die Dämonen in uns richtig austoben. Wir erfahren Lilith während einer tiefen Depression und in Zeiten, in denen wir hart auf die Probe gestellt werden. Es ist nicht leicht, den Weg Liliths einzuschlagen. Wir fürchten uns vor den Aufgaben, die wir lösen müssen, aber wenn wir nicht handeln, verpassen wir die Möglichkeit, die befreiende Wirkung dieses Prinzips und seinen positiven Einfluss zu erfahren.

Nachdem wir die Energie Liliths kennen gelernt haben – nach einem Transit oder einer wichtigen Progression eines Planeten auf den Schwarzen Mond im Radix –, erfahren wir oftmals echte Freude, nachdem wir uns von Situationen gelöst haben, die uns erniedrigt oder krank gemacht haben. Lilith-Transite können in uns viel Trauer, Wut und Ärger hervorrufen, aber wenn wir diese Gefühle zulassen, haben wir auch eine bessere Chance, eine Krise zu verarbeiten.

Oft erleben wir bei Lilith-Transiten einen chaotischen und verwirrenden Zeitabschnitt. Wir spüren ganz genau, dass etwas Mächtiges unser Leben beeinflusst, aber es ist schwierig zu verstehen, was es in Wirklichkeit sein könnte, weil sich Lilith nicht durch die Rationalität offenbart. Alles wird verschleiert und kompliziert und vieles läuft nicht mehr so, wie wir es gern hätten. Es ist so, als ob wir eine Wanderung ohne die Hilfe des Mondlichtes unternommen hätten. So ist es für uns sehr schwierig, ohne das Licht des Mondes die Orientierung nicht zu verlieren. Wir verspüren die Angst, uns in dieser Finsternis zu verlaufen oder uns zu verlieren. Die Herausforderung während dieser Transite ist, dass wir versuchen müssen weiter zu gehen, auch wenn alles noch so dunkel ist. Unterwegs werden wir merken, dass sich die Fähigkeit, uns im Dunkeln zu bewegen, nur langsam entwickelt und dass wir versuchen müssen, weiterzulaufen, auch wenn unsere Knie zittern und das Herz pocht. Plötzlich werden wir merken, dass wir uns von unserer inneren Orientierung führen lassen, und werden am Ende doch den Weg finden. Aus dieser Fähigkeit heraus entsteht die wahre Erleuchtung. Denn bei Lilith werden wir lernen, dass die Erkenntnis aus der Finsternis des Unterbewusstseins und nicht aus der Klarheit des Geistes wächst. Lilith leitet uns durch unseren Instinkt und lädt uns ein, das Dunkel nicht zu fürchten. In der Zeit dieser Transite müssen wir lernen, uns der Nacht zu überlassen und die Rationalität schlummern zu lassen. Dann werden wir sehen, was wir sehen sollen, und werden ein spirituelles Erwachen, eine Art Initiation erleben. In der Wirkungszeit der Transite Liliths verspüren wir das Bedürfnis, mit unserem inneren Zentrum Verbindung aufzunehmen. Wenn wir lernen, dem Dunkel zu vertrauen, wird alles, was wir erleben, tief, magisch und echt. Lilith im Mythos musste allein in der Wüste verweilen, um sich selbst zu finden. Die Wüste ist ein kollektives Bild, die in den Träumen oft als Symbol erscheint, wenn wir uns vor einer wichtigen Übergangsphase oder einer Identitätskrise befinden. Die Psychotherapeutin Ingrid Riedel schreibt in ihrem Buch »Lebensträume, Lebensräume«:[25] »Die Wüste bleibt eine symbolische Landschaft von alters her, in der Grenzerfahrungen gemacht werden und die zu durchschreiten eine Übergangserfahrung von besonderer Bedeutung ist. Bei einem Gang durch die Wüste ist die Orientierung am Stand der Gestirne noch immer die wichtigste. Die Windrichtung, der Stand der Sonne und nachts der Gestirne sind aufmerksam zu beobachten. Sich in einer Wüste zu befinden, eine Situation also, die sich nicht überschauen, nicht mehr einfach bewältigen lässt, in der es zunächst keine Orientierung gibt, ist eine Lage, die Ohnmachtsgefühle aufkommen lässt.«

Die Transite des Schwarzen Mondes sind oft mit der Zeit verbunden, in der wir ein starkes Bedürfnis nach Abstand und Distanz in unseren Beziehungen erleben. Wir suchen das Alleinsein und verlangen von unserem Partner Verständnis dafür. In der Einsamkeit erleben wir die Gefühle, die Lilith allein in der Wüste ertragen musste, wir fühlen uns allein, ohnmächtig, verängstigt, weil wir nicht mehr wissen, in welche Richtung wir uns bewegen sollen. Und in dieser schwierigen Lage sind wir nur auf unsere Intuition angewiesen. So wie Lilith sich nach der Windrichtung und dem Stand der Gestirne orientieren musste, entwickeln wir die Fähigkeit, unsere innere Stimme wahrzunehmen und ihr zu vertrauen. Übrigens, der Übergang und der Aufenthalt in der Wüste ist ein universales Bild für Frauen und für Männer. Jesus verbrachte auch eine Zeit in der Wüste, als er von Satan dreimal aufgesucht wurde. Der Prophet Elias verbrachte ebenfalls einige Zeit in der Wüste, um sich vor dem Zorn der Königin Isebell zu schützen. Nachdem er alle Propheten des Götzen Baal getötet und den Zorn der heidnischen Königin auf sich gezogen hatte, unternahm er selbst eine Wanderung in die Wüste. Auch er hatte ein besonderes Erlebnis dort, welches es ihm erlaubte, sein Ziel, den Gottesberg Horeb, zu erreichen. In der Wüste wünschte er sich den Tod, er sagte zu Gott, er habe genug, und legte sich in der Hoffnung zum Schlafen, nicht mehr zu erwachen. Doch ein Engel weckte ihn auf und sprach: Steh auf und iss! Dann gab er ihm Brot und Wasser. Er aß und trank und schlief wieder ein. Der Engel kam noch ein weiteres Mal und brachte abermals Speise und Trank. Das Brot und das Wasser hatten Elias gestärkt und gaben ihm die nötige Energie, um 40 Tage und 40 Nächte bis zu dem Berg zu wandern.

Lilith wird auch als Göttin der Prophezeiung in alten Schriften erwähnt. Der Sohar bezieht sich auf Lilith als unklarer Spiegel der Prophezeiung. Es wurde erstaunlich oft festgestellt, dass in den Horoskopen von Medium und Hellseher der Schwarze Mond eine dominante Rolle spielt. Unsere Fähigkeit, Dinge zu erahnen und zu »fühlen«, wird in der Zeit der Lilith-Transite zum Ausdruck kommen, wenn wir allein mit uns selbst, der inneren Stimme, die in uns schlummert, aufmerksam zuhören.

Enzo und Daniel

Enzo lebte 17 Jahre lang in einer festen homosexuellen Beziehung. In dieser Partnerschaft waren die Rollen sehr gut verteilt. Sein Partner Daniel hatte die aktive Rolle inne. Daniel war von seiner Persönlichkeit her dominanter als Enzo. Sein Horoskop war sehr feurig (Sonne im Löwen, Mars im Schützen). Wenn wir das Horoskop von Enzo betrachten, können wir sofort erkennen, warum er die passive Rolle in der Beziehung eingenommen hat. Waage-Sonne im 12. Haus, den AC im selben Zeichen sowie Venus dominant in Konjunktion zu dem AC. Neptun im 1. Haus, Mars im 12. Haus und Mond in den Fischen lassen eine Persönlichkeit erkennen, die sehr weibliche Züge besitzt. Er ist in seinen Gefühle sehr zart und sensibel. Das Leitmotiv im Horoskop ist die Suche nach einer liebevollen, verbindlichen Partnerschaft. Enzo braucht die Begegnung mit einem »Du«. Als er Daniel kennen gelernt hatte, veränderte sich sein Leben. Er ist Künstler, und sein Partner hat sehr viel Energie in die Gestaltung von Enzos Karriere aufgewandt. Daniel ermutigte ihn und gab seinem Leben eine Richtung. Enzo war früher, vor seiner Beziehung zu Daniel, schüchtern und glaubte nicht an seine eigenen Fähigkeiten. Daniel stellte ihm somit seine Feuerenergie zur Verfügung. Unter der Leitung seines Partners konnte Enzo sich als Künstler entwickeln und seinen Weg finden. 1997 erkrankte Daniel an Krebs und starb innerhalb von neun Monaten. Enzo hat seinen kranken Freund mit Hingabe Tag und Nacht betreut und gepflegt. Er hat seine Arbeitstermine vernachlässigt, um in

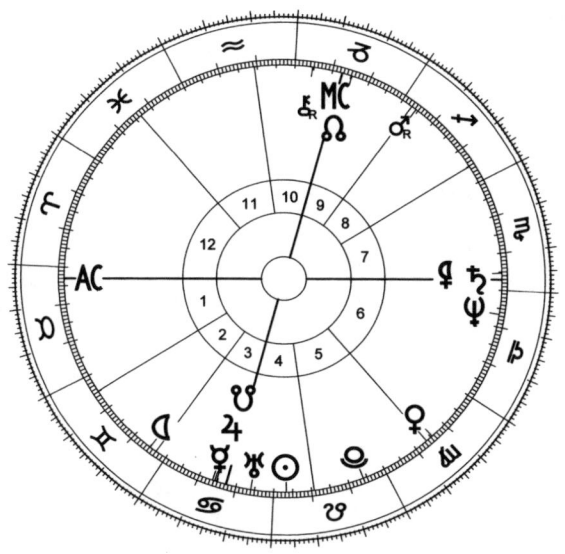

Abbildung 27: Radix Daniel

der Nähe des Kranken zu sein, der den Wunsch hatte, zu Hause in Ruhe zu sterben. Als Daniel starb, war der Schmerz Enzos unbeschreiblich. Alle seine Freunde glaubten, er würde den Tod seines Partners nicht überleben. In den ersten Monaten ließ er sich gehen, arbeitete fast nicht mehr und war physisch angeschlagen. Er reagierte mit psychosomatischen Beschwerden. Am 29.10.1997, als Daniel starb, transitierte Lilith in Enzos Horoskop das 12. Haus in Konjunktion zu Mars. Einige Monate später erreichte sie die Sonne, Venus und den AC, später gelangte sie zur Konjunktion von Merkur-Neptun. Pluto stand im Quadrat zum Mond im Sextil zur Sonne, Neptun in Konjunktion zu Chiron und im Quadrat zu Merkur, Saturn in Konjunktion zum DC in Opposition zur Venus, Jupiter befand sich im Trigon zur Venus und Uranus im Trigon zur Sonne. Enzo hatte sehr viele Transite in einer Zeit, die

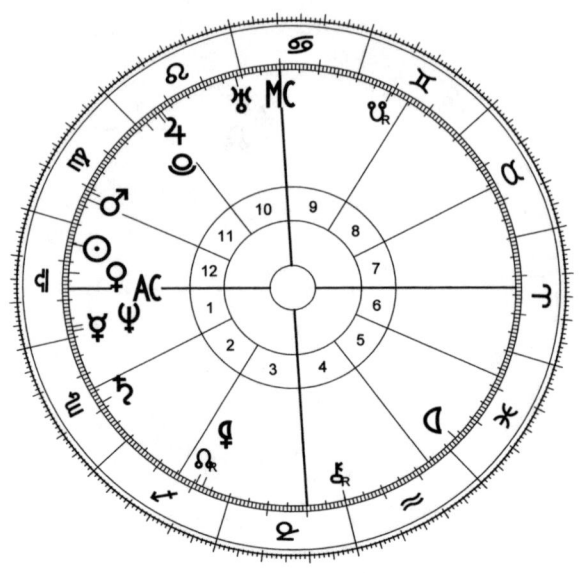

Abbildung 28: Radix Enzo

eine Wende in seinem Leben angekündigt hat. Die ersten Jahre nach dem Tod des Freundes waren für ihn sehr hart, aber etwas Neues und sehr Wichtiges ist aus diesem Schmerz entstanden. Er organisierte Konzerte zum Todestag von Daniel, und mit befreundeten Künstlern sammelte er das Geld für wohltätige Zwecke, das sie an diesen Veranstaltungen einnahmen. In den vier Jahren seines Trauerprozesses entstand die Idee, einen Verein für wohltätige Zwecke zu gründen. Als Uranus und Lilith das Trigon zum AC erreichten, wurde dieser Verein ins Leben gerufen. Die dunklen Jahre der Trauer brachten ihre Früchte hervor. Enzo, der sonst so zur Passivität geneigt hat, nachdem sein Freund und Unterstützer gestorben ist, hat sich geändert und hat etwas zustande gebracht, das viel Arbeit und Engagement benötigt. Er ist aktiv geworden, wie alle waagebetonte Menschen, im Namen der Liebe und der

Partnerschaft (der Anlass war, den Namen und die Erinnerung an seinen Freund lebendig zu halten), und arbeitet jetzt wieder sehr motiviert als Künstler und Wohltäter. Diesen Verein zu gründen war ein alter Traum von Daniel, der in seinem kurzen Leben nicht verwirklicht werden konnte. Enzo hat seiner inneren Orientierung vertraut, und in den Jahren der Dunkelheit hat sein Projekt ihm die Kraft gegeben, auch ohne seinen Partner weiterzumachen. Als Lilith im Jahr 2001 in den Fischen seinen Radix-Mond erreichte, geschah etwas Neues in seinem Leben. Enzo lernte einen Mann kennen, mit dem er eine zärtliche Freundschaft begann.

In der Zeit, in der wir uns mit dem Prinzip des Schwarzen Mondes beschäftigen, entwickeln wir die Fähigkeit, zwischen unseren Bedürfnissen und den Erwartungen anderer zu unterscheiden. Wir lernen endlich »nein« zu sagen, damit wir weiterziehen können. Wir werden ungehorsam, um schöpferisch sein zu können. Jahrhunderte von Patriarchaten hindurch haben den Frauen den Mund verschlossen, sie konnten ihre Ideen und ihre Bedürfnisse nicht zum Ausdruck bringen. Eine »mörderische und unausgedrückte Wut« blieb in unserer Seele zurück. Der erstickte Schrei, den wir Frauen in uns tragen, reicht zurück bis zu den Anfängen der patriarchalischen Gesellschaft. Ich habe oft Frauen in meiner Praxis gehabt, die erzählten, sich durch Schweigsamkeit in ihren Beziehungen zu verweigern, sich in die »Wüste« zurückzuziehen, wenn Worte sinnlos geworden sind. Schweigen ist nicht nur eine Strafe, sondern auch eine Selbstbestrafung, die aber oft notwendig ist, denn was für einen Sinn hat das Sprechen, wenn wir nicht gehört und verstanden werden?

Die Zeit, in der wir uns mit der Energie des Schwarzen Mondes konfrontieren, ist anstrengend und oft verwirrend, aber indem wir Lilith in die Abgründe des Unbewussten verbannen, unterdrücken wir wichtige Lernprozesse. Die bewusste Auseinandersetzung mit ihrem höchst kreativen Potenzial befreit uns von unechten Verhaltensmustern.

Bei Lilith-Transiten ist es typisch, dass wir bei Entscheidungen, die es zu treffen gilt, immer einen Preis zahlen. Der Preis versetzt uns in Schrecken und ruft große Konflikte hervor, weil wir immer von etwas Abschied nehmen müssen, um eine neue Identität und Integrität aufzubauen. Jedes Mal, wenn wir uns von Situationen befreien, in die wir verstrickt sind, müssen wir auch etwas abgeben. Um ihren Weg zu gehen, hat Lilith auf Adam und auf das Paradies verzichtet. Es liegt aber auch im Wesen dieses Prinzips, entschlossen und ohne Rücksicht auf Verluste zu handeln. Im Lauf der Zeit wird uns der Preis nicht mehr so hoch erscheinen im Vergleich zu dem, was wir erreicht haben.

Loredana und Luigi

Loredana lebte mit Luigi zusammen, als sie eine Beziehung zu einem anderen Mann anfing. Nach einigen Jahren, in denen sie beide Männer liebte, entschied sie sich für ihren Liebhaber und verließ Luigi, der sehr gekränkt reagierte. Ein Jahr nach der Trennung verlangte Loredana einen Teil der Möbel, die sie selbst bezahlt hatte, zurück. Luigi weigerte sich hartnäckig, seiner Ex-Freundin ihren Besitz zurückzugeben. Sie versuchte mit ihm vernünftig zu sprechen, aber wie es bei einer starken Skorpionbetontheit vorkommen kann, wollte er nicht loslassen und benutzte dieses als Vorwand, nur um sie zu ärgern.

Loredana drohte, zum Rechtsanwalt zu gehen. Er antwortete, sie solle es nur versuchen, dann würde sie mit ihm etwas erleben. Eine befreundete Rechtsanwältin empfahl ihr, es per Anwalt zu versuchen, weil sie auf diese Weise ihre Möbel sofort wiederbekommen könnte. Loredana fürchtete sich vor der Reaktion Luigis und überlegte, was sie noch unternehmen könnte, ohne die Hilfe des Gesetzes in Anspruch zu nehmen. Sie rief mich an und erzählte mir, sie wolle in seine Wohnung einbrechen, da sie noch einen Schlüssel besitze und die Putzfrau gut

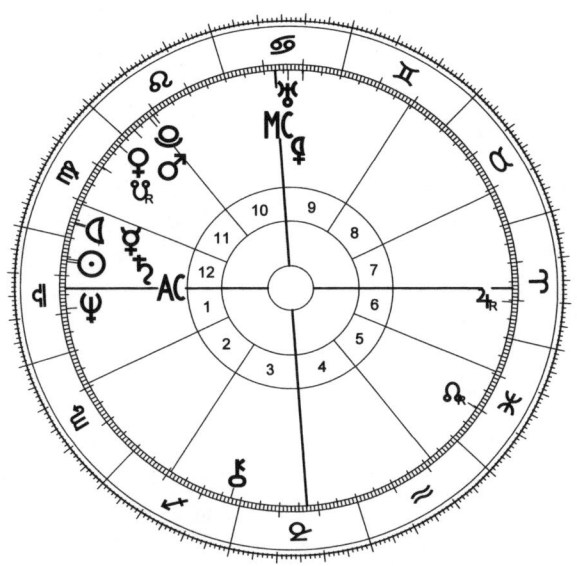

Abbildung 29: Radix Loredana

kennt. Die Putzfrau würde ihr sagen, wann Luigi aus dem Haus
sei. Ich sollte ein Stundenhoroskop berechnen und ihr sagen, ob
ihr Vorhaben schlimme Konsequenzen nach sich ziehen würde.
Das Horoskop beantwortete ihre Frage so, wie ich sie auch
ohne dessen Hilfe beantwortet hätte, nämlich, dass ein solches
Vorgehen total falsch und unangebracht gewesen wäre. Sie würde in Unrecht geraten. Pluto und Mars standen in enger Konjunktion zu dem AC der Frage in Opposition zu Jupiter, der in
diesem Horoskop die Fragestellerin symbolisiert. Der Mond im
4. Haus (die alte Wohnung) bildete ein Quadrat zum Mondknoten im 7. Haus. Da der Mond auch ein Sextil zur Sonne im 7.
Haus (gesetzliche Angelegenheiten) bildete, blieb ihr als einzige
Möglichkeit, einen Anwalt einzuschalten.

Als meine Klientin wieder anrief, hatte sie sich schon selbst
innerlich entschieden, ihren Plan nicht auszuführen. Sie ist eine

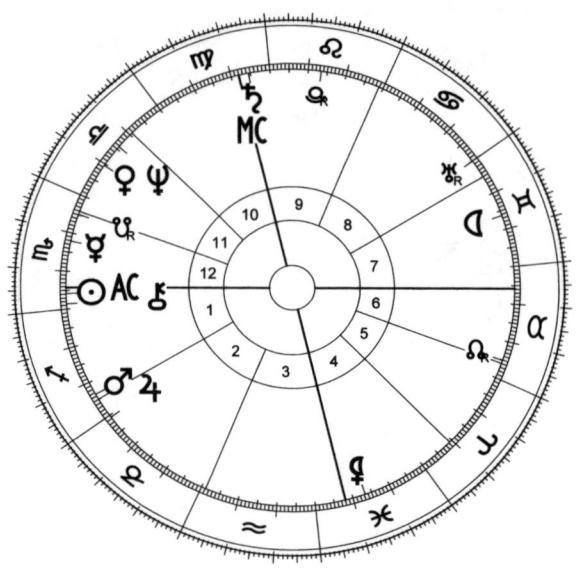

Abbildung 30: Radix Luigi

vernünftige Persönlichkeit mit einer Waagebetonung. Sich so hinterhältig zu verhalten passte nicht zu ihrer wahren Natur, es wäre unter ihrem Niveau gewesen.

Wenn wir das Composithoroskop anschauen, fällt uns sofort Lilith im 7. Haus ins Auge. Es handelt sich um eine Lilith-Beziehung, in der Machtkämpfe und Ego-Konflikte stark vorhanden sind. Die Konjunktion Am Aszendent bestätigt diesen Eindruck. Dominanzstreben und Aggressionstrieb lassen hohe Wogen über ihnen zusammenschlagen. Sie können aufeinander emotional und explosiv reagieren, und nicht immer zählt die Ansicht, wer von ihnen Recht hat, ist derjenige/diejenige, die/ der sich aufrichtig verhält. Interessant ist die Stellung des Schwarzen Mondes in Luigis Horoskop. Lilith befindet sich hier im 4. Haus. Seine Reaktion auf ihren Anspruch auf die Möbel ist ein Ergebnis dieser Platzierung.

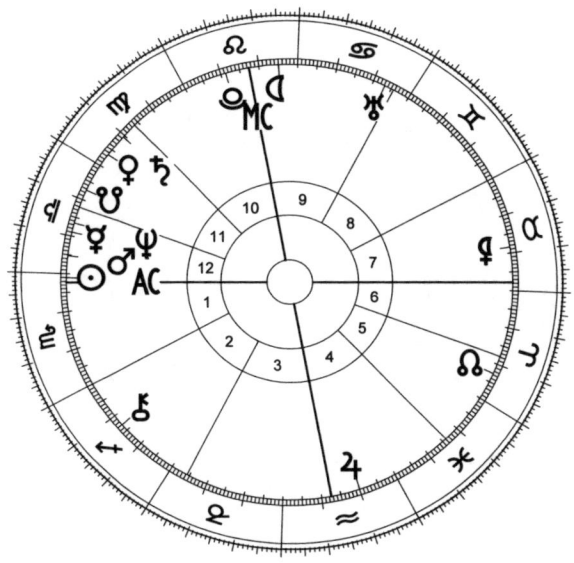

Abbildung 31: Composit Loredana und Luigi

In der Synastrie stehen beide Liliths im Trigon zueinander und zeigen, dass sich die starke Faszination füreinander, die sie am Anfang während des Kennenlernens zur Bindung führte, später in Ablehnung und Verweigerung verwandelte.

Hätte Loredana so gehandelt, wie sie vorhatte, wären die Konsequenzen ziemlich schlimm gewesen. In der Zeit, als wir telefonierten, stand der rückläufige Mars im Schützen im Quadrat zu ihrem Mond in der Jungfrau. Sie hätte die Konsequenzen für ihr Vorhaben tragen müssen. Ihre Tat hätte sich gegen sie wenden können. Lilith im Transit befand sich in Opposition zu ihrer Venus/Mars-Konjunktion im Radix und Uranus war in Opposition zum Radix-Mars. Die Folge des Einbruches hätte unberechenbar sein und zu Gewalt führen können. Luigi ist eine sehr unberechenbare Persönlichkeit. Dies wird durch die Opposition in seinem Radix zwischen Mars und Uranus sicht-

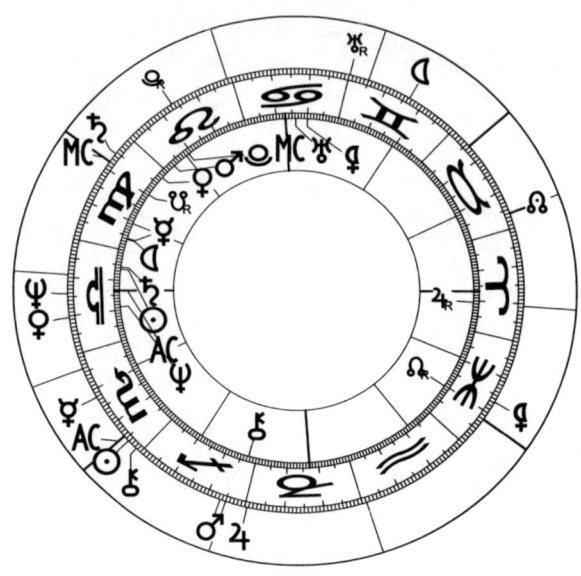

Abbildung 32: Synastrie Loredana und Luigi

bar. Der rückläufige Mars im Transit aktivierte diese Opposition im Radix.

Am Wochenende vor unserer telefonischen Rücksprache hatte sich Loredana innerlich entschieden, nichts zu unternehmen. Sie wollte auch die Möbel nicht mehr. Während des Anrufes wurde ihr klar, dass es für sie wichtig war, sich von dieser Beziehung zu lösen. Die Auseinandersetzung wegen der Möbel hätte ein richtiges und endgültiges Ende der Verbindung zu Luigi verhindert, weil Luigi sie weiterhin dazu herausgefordert hätte, sich mit ihm anzulegen. So war ein Schlussstrich wichtig, auch wenn es für Loredana schmerzhaft gewesen ist, sich von den Möbeln zu trennen, die sie mit Liebe ausgesucht hatte, die einen Teil ihrer Identität widerspiegelten. Diese Trennung war für sie notwendig, sonst hätte sie sich nicht richtig von Luigi verabschieden können.

Bei Transiten des Schwarzen Mondes gibt es zwei Möglichkeiten, uns mit dieser Energie auseinander zu setzen: Anstatt das Schicksal selbst mutig in die Hand zu nehmen, warten wir, bis uns schockierende Erfahrungen erschüttern, die uns mit Gewalt aus dem Paradies vertreiben. Oder wir verhalten uns wie Lilith im Sohar und wählen freiwillig unser Schicksal. Wir bleiben unserer Wahl treu und gehen unseren Weg. Auf diese Weise vermögen wir ein ungeheures Kreativpotenzial zu entfalten, das uns zur Gestaltung unseres authentischen Daseins anspornt. Das letzte Beispiel verdeutlicht den Umgang mit den Lilith-Transiten.

Rosella war seit vielen Jahren verheiratet. Sie wurde mit 14 Jahren schwanger und heiratete ihren Freund. Als sie Ende 20 war, wollte sie nicht mehr länger bei ihrem Mann bleiben. Ihre Zuneigung zu ihm war längst vorbei. Sie wollte sich trennen, fand jedoch nicht den Mut dazu. Ihre Familie machte ihr Druck wegen der Kinder, sodass Rosella die Entscheidung zu gehen nicht treffen konnte. Eines Nachts geschah etwas Seltenes. Eine Windhose zerstörte ihr Haus. Sie hatte fast nichts mehr, was nicht von dieser Naturgewalt beschädigt worden war. So mussten sich die Eheleute entscheiden: ein neues Zuhause oder die endgültige Trennung. Rosella entschied sich für die Trennung. Die Transite für die Zeit, in der die Windhose das Haus zerstörte, waren wie folgt: Lilith im 12. Haus transitierte in Opposition zu seiner Radix-Lilith und bildete eine Konjunktion zu ihrer Sonne. Pluto hat das T-Quadrat in ihrem Radix zwischen den Mondknoten, Uranus und dem Mond aktiviert. Er stand in Konjunktion zu dem nördlichen Mondknoten.

Wir müssen den Mut finden, unseren Weg zu gehen, wenn es keine andere Möglichkeit mehr gibt. Zu warten, wie bei Rosella, dass ein äußerer Umstand uns erschüttert und größere Verluste in unser Leben bringt, kann uns noch mehr Sorgen verursachen und uns noch tiefer in die Angelegenheit verstricken. Bei Lilith-Transiten müssen wir lernen, bewusst und mutig zu handeln.

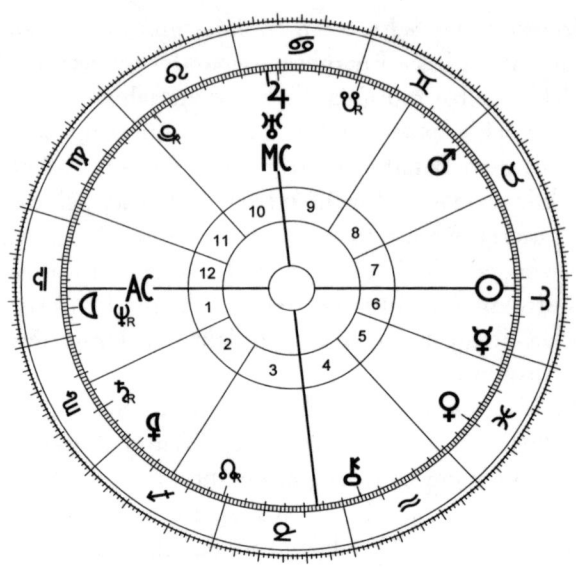

Abbildung 33: Radix Susanne

Susanne und Marilena

Ich habe festgestellt, dass Lilith in Beziehungen, die aus dem Rahmen fallen, wie z.B. einer homosexuellen Verbindung, die beiden Partner dazu führt, ihre Beziehung auf besondere Weise auszuleben, als dies normalerweise üblich ist. In Partnerschaften, die unter der Lilith-Regentschaft stehen, kann der Mut entwickelt werden, die eigenen Richtlinien in der Liebe und in dem Zusammenleben zu finden. Im folgenden Beispiel spielt Lilith eine bedeutende Rolle. Im Composit des Paares ist der Schwarze Mond im 4. Haus platziert und bildet ein Trigon zur Venus.

Marilena und Susanne sind zwei Frauen, die sich lieben. Beide haben vor ihrer Beziehung in heterosexuellen Partnerschaften gelebt. Marilena hat neben ihrer Verbindung zu einem

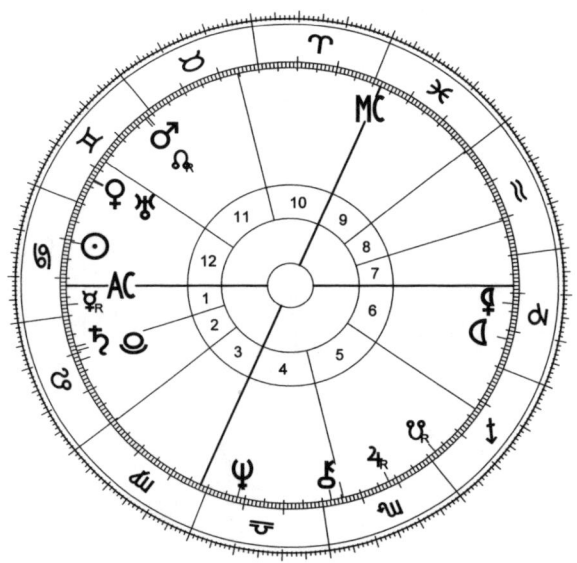

Abbildung 34: Radix Marilena

Mann auch eine Freundin gehabt, bevor sie Susanne kennen
lernte. Für Susanne ist dies die erste feste Liebesbeziehung zu
einer Frau. Susanne hat erwachsene Kinder, die über diese Lie-
besverbindung der Mutter zu Marilena Bescheid wissen und
sie akzeptieren. Die Partnerschaft zwischen ihnen hat etwas
Besonderes an sich: Nachdem sie beide in heterosexuellen Beziehungen gelebt haben, erkannten sie, dass es in ihrer Verbindung keinen Platz für ein bestimmtes Rollenverhalten geben
kann. Sie leben eine Partnerschaft, die außerhalb aller Regeln
aufgebaut ist. Als Paar passen sie in kein Schema. Beide haben
z.B. eine sehr weiche Seite: Susanne hat den Aszendent in der
Waage mit einer Konjunktion zum Neptun und zum Mond.
Venus ist in dem weiblichen Zeichen der Fische platziert. Marilena ist Krebs mit der Sonne im 12. Haus und dem AC im
selben Zeichen, ihr Mars steht im Trigon zu Neptun. Sie brau-

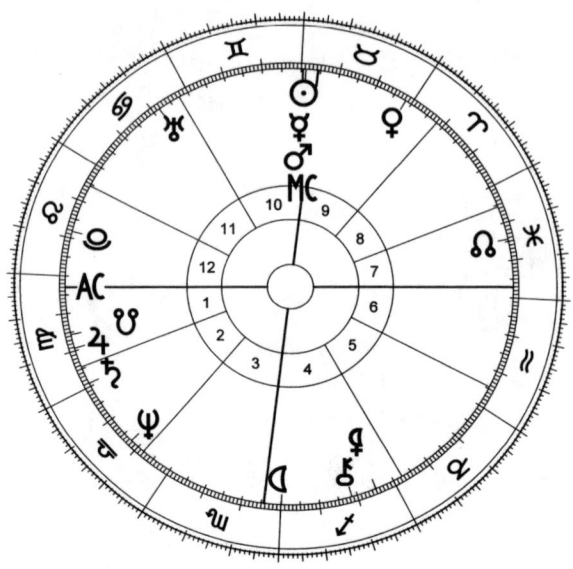

Abbildung 35: Composit Susanne und Marilena

chen beide Anlehnung und das Gefühl der Geborgenheit, gleichzeitig sind sie sehr individualistisch und wissen, was sie wollen: Die Sonne von Susanne befindet sich im Widder, Mars steht im Quadrat zu Pluto, Uranus am MC ist der Planet, der bei ihr dominiert. Marilenas Mond steht im Steinbock, ihr Merkur bildet ein Sextil zu Mars, und Venus befindet sich in Konjunktion zu Uranus.

Marilena und Susanne lehnen es ab, als lesbische Frauen bezeichnet zu werden, sie können sich mit der Lesbenbewegung nicht identifizieren. In ihrer Partnerschaft brauchen beide sehr viel Freiraum. Sie haben sich entschieden, nicht in der gleichen Wohnung zu leben (Composit-Lilith im 4. Haus), sondern jede für sich, obwohl sie nebeneinander wohnen. Susanne, die bei mir war, hat sich über die Beziehung zu Marilena so ausgedrückt: »Es ist auch schwierig für uns, denn es fehlt die übliche Orientierung, und wir müssen allein herausfinden, was für uns beide richtig und echt ist. Wir müssen aufpassen, dass man sich von anderen nicht dazwischenreden oder beeinflussen lässt.«

Im Radix-Horoskop von Susanne steht Lilith im 2. Haus (die eigenen Werte) und bildet ein Quadrat zur Venus, ein Trigon zu Merkur und eine Opposition zum Mars. Marilena hat Lilith am Deszendenten in Opposition zur Sonne.

Nachwort

Alles, was ich in den letzten zehn Jahren über Lilith erfahren habe, ist in meinen drei Büchern über dieses spannende Prinzip verfasst worden. Ohne die Offenheit und die Bereitschaft meiner Klienten und Freunde und ohne meine persönlichen Begegnungen wäre es nicht möglich gewesen, die magische Welt Liliths zu erforschen und zu erfahren. Ich möchte noch ein weiteres Beispiel erwähnen. Piera, eine Frau aus meiner Traumgruppe erzählte während eines Seminars einen Traum, den sie unter dem Transit des Schwarzen Mondes im Sextil zum Radix-Mars im 4. Haus und im Quadrat zur Radix-Sonne träumte: Vor ihr auf einem Wickeltisch saß ein Kleinkind mit roten Lippen, das zu ihr sprach: »Ich bin drei Jahre alt und heiße Lilli.« Bei der Besprechung des Traumes erzählte die Träumerin, dass sie bis zum Alter von drei Jahren ein wildes Kind gewesen sei. Ihre Mutter sagt oft zu ihr, was für ein lebhaftes und lautes Kind sie gewesen sei. Als sie drei Jahre alt wurde, kam ihr Bruder zu Welt und die Eltern trennten sich. Die Zeit der Wildheit ging für Piera zu Ende, sie war gezwungen, sich anzupassen, um der Mutter, die schon sehr belastet war, keinen weiteren Stress zu verursachen. Piera hat im Laufe der Jahre keinen Zugang mehr zu ihrer Lilli/Lilith-Seite gefunden, erst nachdem sie diesen Traum träumte und sich mit ihm beschäftigte, hat sie zugegeben, dass sie erst jetzt wieder damit begann, mit dieser Seite von sich Kontakt aufzunehmen. Am Ende von unserem Gespräch sagte sie strahlend: »Jetzt bin ich wieder ich selbst. Ich bin wieder Piera!« Diese Aussage ist sehr wichtig, sie sagte nicht: »Ich bin wieder Lilli«, sondern »Piera«. Sie hat ihre Ganzheit wiedergefunden. Lilith ist ein mythologisches Bild, und wie alle Archetypen muss sie in uns auf einer inneren Ebene integriert werden, aber sie soll nicht Besitz von uns ergreifen. Es besteht leicht die Gefahr, sich stark mit einem Mythos zu identifizieren und die Vielfältigkeit unserer Persönlichkeit zu verlieren. Die Astrologie lehrt uns, dass die Integration der vielen Anteile, die im Horoskop angezeigt werden, die Vollständigkeit und die Formung unserer echten Identität ermöglichen.

Literatur

Kathrin Asper, Renee Nell und Helmut Hark. *Kindträume, Mutterträu-me, Vaterträume*, Olten, 1990

Pamela Ball. *Erotische Träume*. Wien 1999

Paola Calvetti. *L'addio*, Mailand 2001.

Carol Cassell. *Die Sehnsucht nach dem siebten Himmel*, Reinbek, 1986

Pietro Citati. *Katherine Mansfield: Beschreibung eines Lebens*. Frankfurt 1982

Swantje Christow. *Der Lilith-Mythos in der Literatur*. Aachen 1996.

Sibylle Duda u. Luise F. Pusch (Hrsg.) *WahnsinnsFrauen*, Frankfurt a.M. 1992

Phillipe Grangier. *La Luna Nera*. Mailand 2001

Barbara Koltuv Black. *Lilith*. Berlin 1994

Olaf Leitner. *Das Dschungelbuch der Liebe*. Berlin 1999

Lianella Livaldi Laun. *Lilith, die Begegnung mit dem Schmerz: Die Astrologie des Schwarzen Mondes*. Tübingen 2002 (3. Auflage)

Lianella Livaldi Laun. *Lilith im Transit: Der Schwarze Mond im Alltag*. Tübingen 2000.

Marie Luise Mathis. *Das Combinbuch*. Astromatis 1998

Anne Moliere. *Annes Seitensprung Agentur*. Norderstedt 2000

Ingrid Riedel, *Lebensträume, Lebensräume*, Freiburg 1999

Luise Rinser. *Saturn auf die Sonne*. Frankfurt 1996

Hans Hinrich Taeger. Internationales Horoskope-Lexikon (IHL) 4 Bän-de, Freiburg 1991 -1999

Cinzia Schimperna. *L'amicizia amorosa*. Milano 2001.

Klausbernd Vollmar. *Das Geheimnis der Farbe Schwarz*. Münsingen 1999.

Anmerkungen

1 Barbara Black Koltuv, »Lilith«, Berlin 1994, S. 19 f.
2 Ebd., S. 21.
3 Olaf Leitner, »Das Dschungelbuch der Liebe«, Berlin, 1999, S. 39.
4 Pamela Ball, »Erotische Träume«, Wien, 1999, S. 36.
5 Paola Calvetti, »L´addio«, Mailand, 2001, S. 174.
6 Ebd., S. 174.
7 Barbara Black Koltuv, »Lilith«, Berlin 1994, S. 66.
8 Kathrin Asper, Renee Nell und Helmut Hark: »Kindträume, Mutterträume, Vaterträume«, Olten, 1990, S. 184.
9 Zitiert nach La republica 26.10.2001, Seite 29.
10 Carol Cassell»Die Sehnsucht nach dem siebten Himmel«, Reinbek, 1986, S. 63.
11 »Tina« Nr. 36, August 2001.
12 »Märchen der Antike«, Frankfurt a.M., 1981, S. 68.
13 »Psychologie Heute«, März 2001.
14 Philippe Grangier, »La Luna Nera«, Mailand 2001, S. 23.
15 Cinzia Schimperna. L´amicizia amorosa. Milano 2001. S. 38
16 Lianella Livaldi Laun. »Lilith, die Begegnung mit dem Schmerz«. Tübingen 2002.
17 »Donnalunastrologia«, Heft Waage, S. 16.
18 Lianella Livaldi Laun. »Lilith, die Begegnung mit dem Schmerz«. Tübingen 2002, Seite 58f.
19 Pietro Citati, »Katherine Mansfield, Beschreibung eines Lebens«, Frankfurt 1982, S. 57.
20 Luise Rinser, »Saturn auf der Sonne«, Frankfurt 1996
21 Luise Rinser, »Saturn auf der Sonne«, Frankfurt 1996, S. 164.
22 Ebd., S. 235.
23 Pamela Ball, »Erotische Träume«, Wien, 1999, S. 12.
24 Sibylle Duda u. Luise F. Pusch (Hrsg.) »WahnsinnsFrauen«, Frankfurt a.M. 1992, S. 155.
25 Ingrid Riedel, »Lebensträume, Lebensräume«, Freiburg 1999, S. 13.

Standardwerke der Astrologie

LIANELLA LIVALDI-LAUN

Lilith

Die Begegnung mit dem Schmerz.
Die Astrologie des Schwarzen Mondes
Broschur, 160 Seiten, 62 Abbildungen

ISBN 3-925100-15-6

Lilith war nach hebräischer Tradition die erste Frau Adams, die dunkle Erscheinungsform der weiblichen Gottheit.

In der Astrologie entspricht Lilith dem Schwarzen Mond. Es handelt sich nicht um einen hypothetischen Planeten, sondern um einen sensitiven Punkt, vergleichbar mit den Mondknoten. Lilith ist per Definition der zweite Brennpunkt der Mondellipse, wobei der erste Brennpunkt von der Erde selber eingenommen wird. Die Umlaufzeit beträgt 3232 Tage, was ca. 9 Jahren entspricht.

Die Autorin untersucht diesen kaum erforschten sensitiven Punkt anhand zahlreicher Horoskopbeispiele. Sie stellt heraus, daß Lilith die nicht integrierte Anima in der männlichen Psyche darstellt, während sie in der weiblichen Psyche den Schatten verkörpert. Lilith der schwarze Mond entspricht dem Prinzip der unerfüllten Wünsche: dem Gefühl, welches nach der Vertreibung aus dem Paradies in uns zurückgeblieben ist.

Neben der Deutung Liliths in den Häusern bespricht Lianella Livaldi-Laun ausführlich die Aspekte zu den persönlichen Planeten.

Der Mond ... galt als höchster Ausdruck der Weiblichkeit, mit positiven und negativen Valenzen; er war für den Menschen immer sichtbar. Lilith hingegen entsprach einem gefährlichen dunklen weiblichen Bild. Roberto Sicuteri

CHIRON VERLAG

Standardwerke der Astrologie

LIANELLA LIVALDI LAUN

Lilith im Transit

Der Schwarze Mond im Alltag
152 Seiten, Broschur

ISBN 3-925100-51-2

Lilith trägt trotz ihrer Düsterheit zugleich auch ein höchst kreatives Potential in sich. Dies tritt besonders durch die Transite zum Vorschein, vor allem wenn langsame Planeten beteiligt sind. Der Schwarze Mond aktiviert dabei wichtige Lebensprozesse, die uns mit der Befreiung von unechten Verhaltensweisen konfrontieren. Die Autorin erforscht seit vielen Jahren das astrologische Prinzip Lilith und ist die Wegbereiterin für deren Betrachtung im deutschsprachigen Raum. Mit diesem Buch liegt nun erstmalig eine umfassende Darstellung der Transite des Schwarzen Mondes vor. Es werden alle Transite Liliths zu den Planeten beschrieben sowie die Übergänge der langsamen Planeten über den Schwarzen Mond. Außerdem wird der Transit Liliths durch die einzelnen Häuser und über die Hauptachsen gedeutet. Durch die Gefühle, die uns diese Transite vermitteln, werden wir die Fassade, hinter der wir uns verstellen, nicht mehr brauchen und lernen, mit unseren Mängeln umzugehen.

Die Autorin schöpft aus den Erfahrungen ihrer langjährigen deutungs-praktischen Beschäftigung mit Lilith. Und so kann uns das Buch vielleicht wahrhaftig dazu verhelfen, hinter die Fassade unserer vermeintlich intakten Erlebniswelt zu sehen. merCur

CHIRON VERLAG

Standardwerke der Astrologie

LIANELLA LIVALDI LAUN

Jahresthemen im Horoskop

Das Solar in sieben Schritten
112 Seiten, 32 Abbildungen
ISBN 3-925100-25-3

Dieses Buch gibt dem Anfänger einen
leicht nachvollziehbaren Einstieg in die
Solartechnik und eröffnet dem Astrologen
neue Ansätze für die Arbeit mit dem Jahres-
horoskop. Die Frage nach den zukünftigen
Trends spielt in der Astrologie immer eine große Rolle. Neben der
Beobachtung der Transite kommt dabei dem Solarhoroskop ganz besondere Bedeutung zu. Ein Solar wird auf den jeweiligen Geburtstag
berechnet und ermöglicht die prognostische Vorschau auf das kom-
mende Jahr.

Die Autorin arbeitet seit vielen Jahren erfolgreich mit dieser Methode und gibt einen Einblick in die praktische Handhabung der
Technik. Sie führt den Leser in sieben Schritten an die Deutung des
Solars heran. Anhand zahlreicher Beispiele ermöglicht sie dem Leser
die Ausarbeitung der Jahresthemen und berücksichtigt dabei auch
die neuen Faktoren Chiron und Lilith.

Einmalig ist ihre Einführung der Solartechnik in die Partnerschaftsastrologie. Dabei gelangt sie zu ganz neuen und für das wech-
selseitige Miteinander sehr fruchtbaren Ergebnissen.

Alles in allem ein Buch, das als Basislektüre von Anfängern in Prog-
nosetechniken, als auch als Anregungsmaterial von fortgeschrittenen
und beratend tätigen Astrologen gelesen werden kann.

Meridian

CHIRON VERLAG

Standardwerke der Astrologie

LIANELLA LIVALDI LAUN

Transite und Träume

Astrologie in der Praxis
96 Seiten, 8 Abb.
ISBN 3-925100-40-7

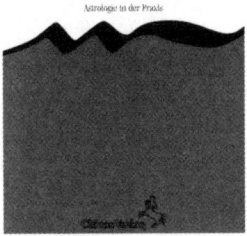

Transite der äußeren Planeten beeinflußen
unser Wachstum. Zur Zeit wichtiger Plane-
tenübergänge zeigt unsere Traumwelt das
aktuelle Lebensthema. Behandelt werden
die Transite von Jupiter, Saturn, Chiron,
Uranus, Neptun und Pluto, die anhand zahlreicher Fallbeispiele aus
der Praxis erläutert werden. Darüber hinaus besticht das Buch vor allem durch seine lebensnahen Ratschläge für einen positiven Umgang
mit schwierigen Transiten oder verdrängten Konstellationen und den
damit verbundenen Gefühlen.

Die vielen Traumbeispiele machen das Buch lebendig und interessant.
Insgesamt acht Radixhoroskope, darunter auch das der Autorin, ver-
anschaulichen die Theorie. Eine anregende Lektüre.

Meridian

CHIRON VERLAG

Standardwerke der Astrologie

LIANELLA LIVALDI-LAUN

Liebe und Eifersucht

Astrologie in Beziehungsfragen
Broschur, 150 Seiten, 30 Abbildungen

ISBN 3-925100-29-6

So schön das Gefühl der Liebe sein kann, so quälend ist ihr Gegenpart – die Eifersucht. Denn wo sich die Pfade von Liebe und Eifersucht kreuzen, entsteht oftmals ein Mangel an Selbstwert mit zerstörerischen Qualitäten. Betrachten wir die Eifersucht auf astrologischer Ebene, so finden wir Konstellationen, die uns aufzeigen, dass das Urvertrauen meist schon in der Kindheit zerstört wurde, z.B. durch Rivalität zwischen Geschwistern oder wenn ein Kind zwischen den Eltern steht. In diesem Buch werden Fälle von provozierter Eifersucht sowie symbiotische Beziehungen vorgestellt. Ebenso kommt die Rolle der Eifersucht in komplizierten Dreiecksbeziehungen und ihre Auswirkungen bei starker Hassliebe zur Sprache. Neben der Betrachtung der jeweils astrologischen Hintergründe für diese Beziehungsfragen, zeigt die Autorin aber immer einen Weg, wie man die Eifersucht kreativ ausleben kann, um wieder zu echter Liebe zurückzufinden.

CHIRON VERLAG

Standardwerke der Astrologie

LIZ GREENE

Dreiecksbeziehungen

Astrologie in Beziehungskonflikten
174 Seiten, 7 Abb., Broschur

ISBN 3-925100-65-2

Dieses Buch zeigt Ihnen, wie Sie aus dem Horoskop lernen können, eine Dreiecksbeziehung als aufrichtige Prüfung zu nutzen. Meistens versuchen wir Dreiecksbeziehungen aus dem Weg zu gehen, denn sie konfrontieren uns mit schmerzhaften Emotionen. Geraten wir in ein Beziehungsdreieck - sei es als Betrüger, als Betrogener oder als Objekt des Betrugs - so hat dies häufig einen tieferen Sinn. Neben den sexuellen Dreiecksbeziehungen unter Erwachsenen, gibt es weitere mögliche Verhältnisse. Das Familien-Dreieck steht meist am Anfang und hat oft lange Nachwirkungen. Es gibt aber auch Dreiecksbeziehungen zwischen Freunden oder einem nicht menschlichen Faktor so z.B. die Hingabe des Anderen an die Arbeit oder an spirituelle Bestrebungen. Häufig gibt es auch Schutz- oder Macht-Dreiecke oder Dreiecksbeziehungen als Mittel zur Erlangung des Unerreichbaren.

Ausgehend von diesen universellen Erwägungen betritt Liz Greene ein neues Gebiet. Sie ergründet, ob es bestimmte Faktoren im Horoskop gibt, die auf eine Dreiecks-Tendenz schließen lassen. Ebenso geht sie der Frage nach, warum manche Menschen eher als andere in derartige Verhältnisse verwickelt werden und was sie dazu antreibt. Neben diesen lebenspraktischen Themen zeigt sie, welche Herangehensweise Ihnen einen kreativen Umgang mit Dreiecksbeziehungen ermöglicht und welche Hilfestellungen Sie dazu aus dem Horoskop erhalten.

CHIRON VERLAG

Standardwerke der Astrologie

LIZ GREENE

Abwehr und Abgrenzung

*als positive Seite des Lebens und
die Entsprechungen im Horoskop
Broschur, 314 Seiten, 5 Abbildungen*

ISBN 3-925100-33-4

Wir verwenden den Begriff »Abwehr« oft recht sorglos. Schreiben wir jemand eine Abwehrhaltung zu, so bedeutet dies in Wirklichkeit meist, daß er unsere Sichtweise nicht teilt. Aber Abgrenzung ist nicht von vorne herein negativ, denn ohne diese könnten wir nicht existieren. Die Autorin geht aus von der klassischen Beschreibung der Abwehrmechanismen und stellt diese in Beziehung zu den Elementen. Ebenso werden die typischen Abwehrhaltungen, die in den Tierkreiszeichen und den Planeten zum Ausdruck kommen untersucht. Im zweiten Teil geht Liz Greene besonders auf die Erfahrungen mit Saturn und Chiron ein. Die Abgrenzungen durch Saturn werden eingehend diskutiert. Dabei wird vor allem die konstruktive Aufgabe Saturns in den Vordergrund gestellt. Chiron und seine Bedeutung für menschliche Verhaltensmuster werden untersucht, wobei hier vor allem die schwierige Frage der kollektiven Wunde zur Sprache kommt.

Liz Greene zeigt dem Leser die positive Seite der Abwehrhaltungen auf und wie er diese positiv in sein Leben integrieren kann. Sie zeigt Wege, wie wir dem Teil in uns kreativ begegnen können, der ursprünglich unser größter Mangel war.

CHIRON VERLAG